aging meat

熟成肉

人気レストランの
ドライエイジングと料理

柴田書店編

目次

5 はじめに

第1章 肉の熟成 基本を識る
8 牛肉における熟成のメカニズムと実際

第2章 レストランの熟成方法
16 又三郎
18 土佐あかうし骨付きリブロース　熟成前と熟成後
20 熟成について
24 カッティングとトリミング
27 又三郎の牛肉／熟成用と焼肉用
28 焼く
　料理
30 土佐あかうし リブロース
31 ミートパイ
32 パテ
34 旬野菜のゴロゴロサラダ
34 冷やしトマトのコリアンスタイル
35 大根サラダ ゴルゴンゾーラチーズ添え
36 店舗紹介

38 **ラ・ブーシェリー・デュ・ブッパ**
40 本州鹿　熟成前と熟成後
42 熟成について
44 解体
46 カッティングとトリミング
47 焼く
　料理
48 鹿の背ロース 澱上ワインのソース
50 ビュルゴー家 クロワゼ鴨胸肉の炭火焼き
　　　モモ肉のクロメスキ添え
　　　サルミペーストとグリオットのピュレ
52 熟成40日 伊豆天城産黒豚ロースの岩塩包み焼き
53 熟成50日 北海道産黒毛和牛モモ肉の低温ロースト
54 千葉県産夏鹿のタルタルアボカドバーガー
　　　レモンタイム風味のポムフリット
56 愛媛産熟成雉のロースト 北京ダック風
58 アッシュ・パルマンティエ

　ガルニチュール
60 スイスチャードのソテー にんにく風味
60 ラタトウイユ
60 鎌倉野菜の炭火焼き ロメスコソース
60 生ハムとパプリカの軽い煮込み
60 千葉県産ムチュリを使った"アリゴ"
60 自家製ベーコンと新牛蒡のブレゼ
62 店舗紹介

37 Steakhouse & Bar
66 オーストラリア産牛骨付きリブロース
　　　熟成前と熟成後
68 熟成について
70 トリミング
71 カッティング
71 焼く
　料理
73 35日間熟成ブラックアンガスビーフ リブステーキ骨付き
74 21日間熟成オーストラリア和牛 ポーターハウスステーキ
75 37クラシックバーガー 180g
76 岩手県産もち豚のグリル
　　　アップルミントとスパイシーマスタードのマーマレード
78 オーストラリア産ラムチョップのグリル
　　　エストラゴンソースで
79 オーシャンプラッター メルトバター・レモン
80 B.L.T.A.サラダ
80 ほうれん草と温かいキノコのサラダ
　　　赤ワインヴィネガードレッシング
82 アスパラガスのグリル
82 ベイクドポテト サワークリームとベーコントッピング
83 クリームスピナッチ
83 マッシュルームソテー
84 キッズプレート
85 店舗紹介

キッチャーノ
90 アメリカ産牛Tボーン　熟成前と熟成後
92 岩手県産黒毛和牛骨付きサーロイン
　　　熟成前と熟成後
94 熟成について
96 アメリカ産牛Tボーン　カッティングとトリミング

97	アメリカ産牛Tボーン　焼く
98	岩手県産黒毛和牛骨付きサーロイン 　　カッティングとトリミング
99	岩手県産黒毛和牛骨付きサーロイン　焼く
	料理
100	アメリカ産ブラックアンガス牛Tボーンの炭火焼き
101	岩手県産黒毛和牛骨付きサーロインの炭火焼き
102	黒毛和牛の低温調理 　　エシャロットとホースラディッシュのソース
103	生ハム2種
103	生ハムとイチジク
104	仔牛のツナソース
105	松阪牛テールのラグーのペンネ
106	大分県産黒毛和牛ラグーのタリアテッレ
107	店舗紹介

110　**ワカヌイ**

112	ニュージーランド産牛骨付きリブアイ 　　熟成前と熟成後
114	熟成について
117	カッティングとトリミング
119	カブリのトリミング
119	焼く
	料理
122	オーシャンビーフ骨付きリブアイ 1000g
124	WAKANUIラムチョップ
125	カンタベリー仔羊骨付きロース　ハーフカット
126	ラム・ショートロインのたたき
127	牧草牛フィレ 250g
128	ワカヌイ・プレミアム・バーガー
130	ロメインレタスとアンディーブ、ブルーチーズのサラダ
131	バーニャカウダ
132	トマトとボッコンチーニのカプレーゼ
132	ニュージーランド産キングサーモンの温燻製
	サイドディッシュ
134	ほうれん草のソテー
134	きのこのソテー
134	自家製フレンチフライ
134	ジャスミンライスのハーブピラフ
136	店舗紹介

138	**旬熟成**
140	赤城産黒毛和牛モモ肉　熟成前と熟成後
142	熟成について
144	解体
148	イチボのトリミングとカッティング
150	焼く
	料理
151	赤城牛　イチボ
152	パテドカンパーニュ
153	ローストビーフ
154	タルタル
155	羊のホルモン3種
156	手作りソーセージ
156	熟成肉のハンバーグ
158	牛スネの赤ワイン煮
159	熟成肉のラグーのフェトチーネ
160	ポルチーニの炊き込みご飯　アンチョビオイル掛け
161	2度おいしいバーニャカウダ
162	シェフおすすめのサラダ
163	店舗紹介
166	料理別索引

撮影／天方晴子
デザイン／中村善郎（Yen）
編集／佐藤順子

p.9, p.13 撮影／渡辺伸雄

はじめに

食生活に野菜を取り入れることの大切さは、この数年で広く認識されるところとなった。今まではつけ合せ的な役割だった野菜料理が、商品として非常によく売れるようになった。
一方で良質のたんぱく質の供給源として「肉を食べよう」という気運も最近高まってきた。
つまりバランスよく食べることの大切さがあらためて見直されてきたのだろう。

肉ブームの昨今、肉をおいしく、しかも健康的に食べるための「熟成（ドライエイジング）」という技術が注目されている。ヘルシーでたんぱく質が豊富な赤身肉に向く技術であることも、健康志向にマッチしているのだろうか。従来のサシが入った高級牛肉に比べて「かたくて不味い」という赤身のイメージが「柔らかくてさっぱりして食べやすい」と変わったのもこの「熟成」の賜物といえよう。

時間をかけてじっくりおいしくなる「熟成」という言葉には、特別な心地よい響きがある。肉に限らず熟成したものはおいしいと誰もが思う。
実際上手に熟成した肉は柔らかくなって旨みが増し、独特の香りがつく。
本書では、このように肉に付加価値をつける技術「熟成」を実際に店舗内で行なっているレストラン6店を取材し、それぞれ独自の熟成方法、おいしく食べるための焼き方、料理を紹介した。

「熟成」は非常に魅力的な技術であるが、熟成と腐敗は背中合わせとも言われている。おいしくするための「熟成」は、一歩間違えば「腐敗」となってしまう。「熟成肉」の普及にあたって、くれぐれも衛生面に留意して、安全においしい熟成肉を提供したいものである。

肉の熟成・料理・提供
凡例

1　第2章の掲載の順序は創業年度順としました。

2　本書では真空パック内の熟成を「ウェットエイジング」、
　それ以外の熟成を「ドライエイジング」としました。

3　各店とも同じ肉で熟成前と熟成後を比較しています。
　（p.66〜67およびp.140〜141については、同時期に熟成を開始した同部位の別の肉で比較しています）

4　掲載のデータ、レシピ、店舗情報、メニュー価格などは2014年1月現在のものです。

牛肉の格付等級について

[国産和牛]
一般的に歩留等級と肉質等級の評価を組み合わせてランクづけされる。**A5**が最上級とされる。

1　歩留等級：優れているものから順に**A**、**B**、**C**にランクづけされる。

2　肉質等級：優れているものから順に**5**、**4**、**3**、**2**、**1**にランクづけされる。以下1〜4の4項目すべてにおいて、5等級と判定された牛肉のみが肉質等級5となる。

　1　脂肪交雑（B.M.S）：霜降りの度合いで12段階で評価される。
　　1は肉質等級**1**、
　　2は肉質等級**2**、
　　3〜4は肉質等級**3**、
　　5〜7は肉質等級**4**、
　　8以上は肉質等級**5**
　　に該当する。

　2　肉の色沢：牛肉色基準（B.C.S）をもとにして赤身肉部分の色と光沢でランクづけされる。優れているものから順に**5**、**4**、**3**、**2**、**1**。

　3　肉の締まりおよびきめ：きめが細かく締まっているものがよいとされる。優れているものから順に**5**、**4**、**3**、**2**、**1**にランクづけされる。

　4　脂肪の光沢と質：牛脂肪色基準（B.F.S）をもとにして脂肪の光沢がよく、かつ質のよいものが上位にランクされる。優れているものから順に**5**、**4**、**3**、**2**、**1**にランクづけされる。

[アメリカ産牛肉]
枝肉は肉質等級と歩留等級で格付けされる。

1　肉質等級（Quality Grade）
　牛の種類、性別、成熟度、脂肪交雑などによってランクづけされる。優れたものから、**プライム**、**コマーシャル**、**チョイス**、**ユーティリティ**、**セレクト**、**カッター**、**スタンダード**、**キャナー**（牛の年齢や性別の違いによって5段階のものもある）。現在日本に輸入されているのは「プライム」「チョイス」「セレクト」の3種。

　1　脂肪交雑：肉のフレーバーやジューシーさに関係するため、肉質等級を決定する上で非常に重要な要素で10段階で評価される。日本には、上から7段階までの肉が輸入されている。
　　1（アバンダント：豊か）、
　　2（モデレトリーアバンダント：おおむね豊か）、
　　3（スライトリーアバンダント：やや多い）はプライム。
　　4（モデレート：適量）、
　　5（モデスト：並）、
　　6（スモール：少ない）はチョイス。
　　7（スライト：わずか）はセレクト。

　2　成熟度：若い順から**A**、**B**、**C**、**D**、**E**の5段階のランクづけ。

2　歩留等級（Yield Grade）
　皮下脂肪、腎臓・骨盤・心臓などへの脂肪付着度、リブロース芯の面積、体重量によって、優れたものから
　Y1（ノーファット）、
　Y2（リトルファット）、
　Y3（アベレージファット）、
　Y4（フルオブファット）、
　Y5（エクストリームファット）
　にランクづけされる。

第1章 肉の熟成 基本を識る

日本人にとって鮮度のよさは食品を選択するときの大切な条件の一つ。肉も同様で新鮮なものがよしとされ、きれいな色の肉が好まれる。そのため熟成によって肉の色が変わっていると、なかなか手に取ってもらえなかった。欧米にくらべて、日本では肉の熟成の歴史が浅く、認知度が低いため、そのよさもあまり理解されていなかったのだ。

しかし最近やっと熟成肉が認知され始めてきた。店内で肉を熟成するレストランも増えてきている。本章では、牛肉熟成の正しい基本知識と技術について、熟成肉の加工販売に携わるエスフーズ株式会社の東京営業所所長の澤真人氏と同社係長坊聡氏が解説する。

牛肉における
熟成のメカニズムと実際

エスフーズ株式会社
東京営業所 所長　澤 真人
東京営業所 係長　坊 聡

1　熟成とは

熟成とは何か？

物質が時間の経過とともに食べ頃に変質していくことが熟成です。しかしながら熟成の定義は、残念ながらまだ具体的に定められていません。

ここでは食肉、とくに牛肉の熟成についてお話していきましょう。肉は屠畜後数時間で硬直が始まり、そののち、時間の経過とともにこの硬直が解けて柔らかくなります。そしてさらに時間が経過すると、さまざまな変化が生じてきます。

2　なぜ肉を熟成させるのか？

肉をよりおいしく食べるために手間と時間をかけようというのが熟成の目的です。しかし時間経過とともに変質する熟成は腐敗と背中合わせの現象です。人が食べて害にならない変質は熟成、害になる変質は腐敗ということになります。

ですから、肉が熟成するということは、腐敗にいたる危険性もあるのです。このことは私たちのように食肉を扱っている者だけではなく、レストランの店内で熟成をしている方々にもしっかり肝に銘じていただかなければなりません。

3　熟成の利点

熟成には3つの利点があります。これらは熟成せずに得ることはできません。

コストはかかるものの、こうした効果によって、肉という商品を差別化できるのが、われわれ食品メーカーや飲食業のみなさんにとって最大の利点になるでしょう。

(1) 肉が柔らかくなる。

死後硬直が時間の経過とともに解けて肉の細胞が変化して柔らかくなります。さらに時間をおくと、肉を構成している筋組織が分解して、さらに柔らかくなってきます。

(2) 旨みが増す。

肉のたんぱく質が時間の経過とともに旨みのもとであるアミノ酸に分解して味がよくなるのです。

(3) 独特の熟成香が生じる。

熟成にともなって生じる香りが肉の中に入り込み、焼くという加熱調理によって生じるこうばしい香りとともに楽しむことができます。

4　なぜ赤身が熟成に向くのか？

熟成はたんぱく質が分解するものなので、脂の部分は熟成がかかりません。ですからたんぱく質の多い赤身に働くのです。

サシの強い5等級の牛のように脂の割合が多い肉は、熟成がかかる割合が少ないので、そのよさを享受できる量は当然赤身より少なくなります。それに比べて3等級の牛は赤身の分量が6割程度をしめるので、熟成のよさが出しやすいといってもいいでしょう。

牛の脂肪はおもに飽和脂肪酸と不飽和脂肪酸で構成されます。不飽和脂肪酸のなかの一価不飽和脂肪酸であるオレイン酸（高コレステロール、高エネルギーの食事が原因で過剰に増えた悪玉（LDL）コレステロールを抑制する効果がある）の分量は熟成前と熟成後ではまったく変化しません。

肉の中でどういう現象が起こっているのか、そのメカニズムは明確にわかりませんが、熟成によって、脂肪の甘みや香りが抑えられて、さっぱりした食味になって食べやすくなるようです。

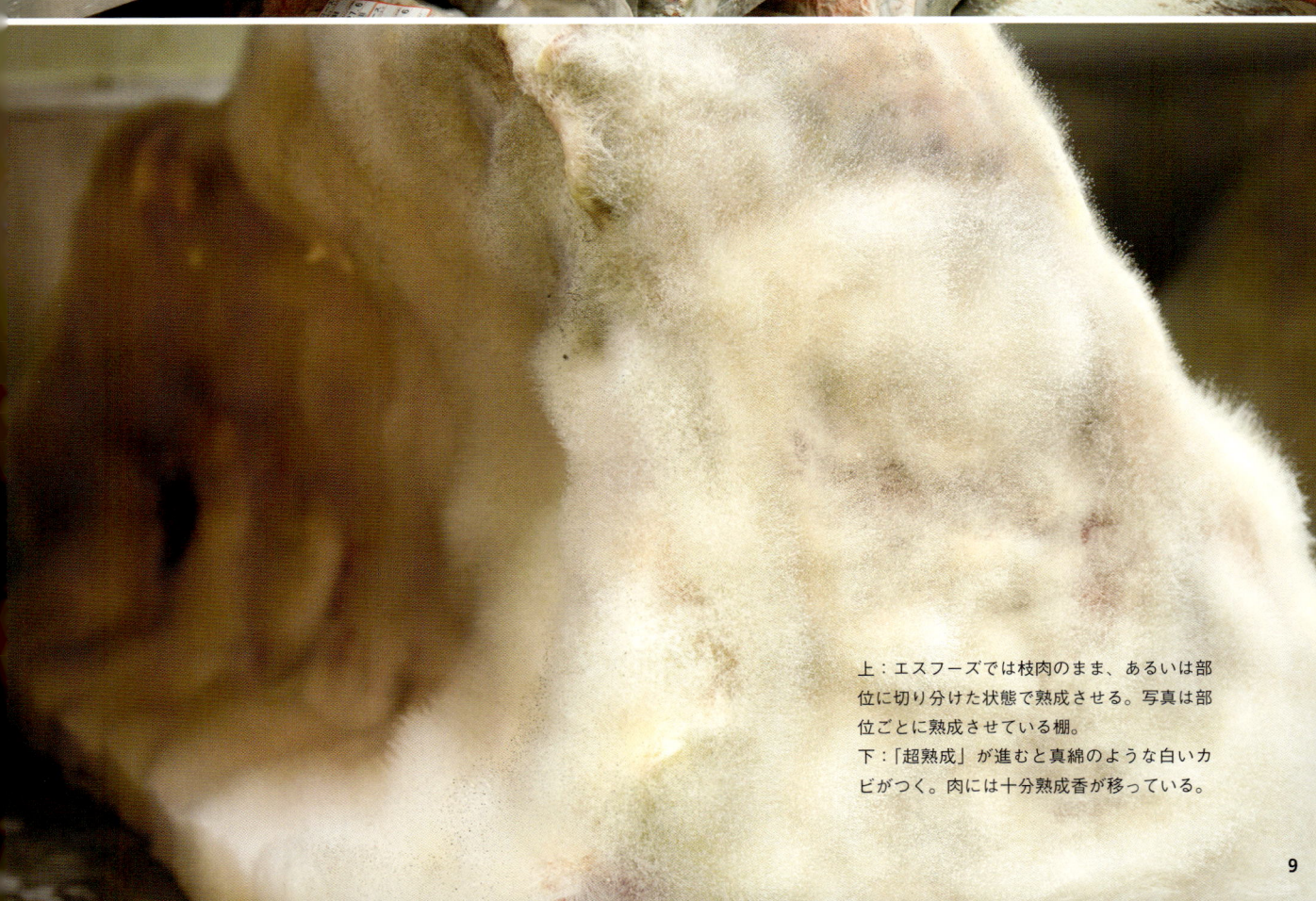

上：エスフーズでは枝肉のまま、あるいは部位に切り分けた状態で熟成させる。写真は部位ごとに熟成させている棚。
下：「超熟成」が進むと真綿のような白いカビがつく。肉には十分熟成香が移っている。

5 熟成の種類

熟成の方法は千差万別です。これまでも老舗のステーキハウスやすき焼き店などでは、店内の冷蔵庫で3週間くらい肉を寝かせていましたが、これも一つの熟成方法です。

このように従来行なわれてきた熟成方法と今話題になっているアメリカで行なわれてきたドライエイジングはまったく別物と考えていいでしょう。

さて、一般的に熟成は**ウェットエイジング**と**ドライエイジング**の二つの方法があるとされています。ただ、これらの言葉にも熟成同様、やはり明確な定義があるわけではありません。

☐ ウェットエイジング

(1) 真空パックで行なうウェットエイジング

昔から私たち食肉を取り扱う者は、牛肉を枝肉の状態で冷蔵庫に2週間ほど保管して熟成させ、出荷していました。

近年真空パックが普及し、枝肉を部位ごとにカットして真空包装機にかけ、パックの中で熟成させるウェットエイジングが始まりました。このウェットエイジングは熟成というよりも保存するための手段と考えるべきなのかもしれません。

時間の経過とともにたんぱく質が分解されてアミノ酸に変質するのはドライエイジングと同様ですが、パック内に空気が介在しない分、ウェットエイジングでは熟成の進行はゆるやかになります。そのため、熟成の目的の一つである熟成香を求めるのはむずかしいでしょう。

後述するように、ドライエイジングでは肉の表面にカビが生じます。このカビが持っているプロテアーゼというたんぱく質分解酵素が肉に浸透していくのがドライエイジングです。真空下では、このプロテアーゼという酵素の働きは止まってしまうので、鮮度は落ちませんが、旨みはあまり増しません。つまりたんぱく質がアミノ酸に分解するという変化はドライエイジングほど望めないということです。

(2) ウェットエイジングの注意点

とはいえ肉自体は時間の経過とともに柔らかくなります。肉が柔らかくなるさいに、肉から水分が抜けてパックの中にたまります。これを長時間たまったままにしておくと腐敗の元となり、肉の腐敗につながる可能性もあるので、真空パックだからという過信は禁物です。

何らかの理由で真空パックにピンホールなどがあいていると、その危険性はさらに増します。小さな穴から空気が入り、空気にふれたところから肉の表面の色がどんどん変わっていきます。

☐ ドライエイジング

肉は温度、湿度、時間という環境要素を変えることで、熟成状態が変わってきます。その環境要素は使用する肉、部位、熟成させる塊の大きさなどによっても変わってきます。真空パックに入れず、これらの環境下で肉から発せられる菌類の働きを利用して肉を熟成するのがドライエイジングと呼ばれる手法です。

いずれにしても一定の温度や湿度を保った環境に長期間おいて、肉のたんぱく質をアミノ酸に分解させます。その時間経過とともに酵母や肉の菌類の働きによって肉の表面にカビが生じ、アミノ酸が増え、熟成香が生まれます。

(1) 低温を保つ──腐敗を防ぐ

悪い菌が増殖するのは4℃以上。これは食中毒菌がどんどん増えていく温度帯です。

エスフーズでは熟成庫を0℃から1℃に設定しています。熟成庫を冷蔵室の中に設置し、まわりの環境も同様に低温にすることで、扉の開閉によって熟成庫内の温度が上がらないようにしています。

設定した0℃から1℃の温度帯というのは、食中毒菌は増えにくいのですが、熟成に必要な低温発酵菌であるカビ酵母は増える温度帯なのです。

レストランでは、お客から見えるように、熟成庫をホールなどに設置しているケースがほとんどです。

照明など光の影響はさほどないと思いますが、一番心配なのは温度管理です。扉を開閉するとホール内の雑菌が入って肉に付着することに加え、頻繁に開閉すると庫内の温度が上がり、その雑菌が増殖する

恐れがあります。そのため極力扉の開閉回数は減らすべきでしょう。

熟成庫の設定温度を0℃にしているからといって、庫内がつねに0℃に保たれているわけではありません。扉を開けると温度は必然的に上がります。同じ庫内であっても、場所によって温度に差が出ます。ですから熟成庫に備えられている温度計とは別に、温度計を数ヵ所に入れて常に温度変化に注意する必要があります。

(2) 湿度を保つ
——水分を適度に保ちながら適度に抜く

低温低湿度下に一定期間おいて水分を抜きます。水分を抜くことで旨みを凝縮させる意味があります。しかし完全に水分を抜くとビーフジャーキーのようになってしまい、同時に旨みも抜けてしまうので、適切な湿度を保つことが必要になります。

肉に適度に水分を残しながら熟成させるために、ある程度の湿度を保たなければなりません。保湿には肉から発生する水分を調整する方法と、庫内を加湿する方法があります。

単に乾燥した環境下におくと旨みは凝縮しますが、柔らかさは生まれてきません。やはり必要以上に水分を抜かないような環境をつくることが大切です。

(3) 熟成期間——熟成の進行度合

求める肉の状態によって熟成の期間は前後します。屠畜後たんぱく質が変質をし始め、肉の温度が下がり硬直が解けるまでには1週間、柔らかさを感じるまでには、少なくとも2週間ほどかかるというのが一般的です。

肉の熟成のプロセスは、まず柔らかくなり、旨みが増え、最後に香りがつきます。ですから最低でも2週間から20日間はおかないと、熟成の意味がなくなってしまいます。

熟成庫内にも熟成香が広がっており、これが肉に付着して次第に中まで浸透します。ですから、あまり熟成香を強くしたくない場合は、たとえば30日間の熟成期間を20日間に短縮して浅めの熟成にとどめるなど、期間を調整する必要があります。

あとは個体の大きさ、部位、好みによって期間を調整します。

(4) 熟成の見極め

まず①触感（熟成がかかることで肉が柔らかくなる）、②カビの生え方（最初はうっすらと全体的に白くなり、次第にふさふさとした白いカビが生えてくる）、③脂の質の変化などで判断します。

どんな肉を求めるかによって、それぞれの最高の状態を熟成の進行状況で判断していきます。ヨーロッパなどでは、熟成師と呼ばれるエキスパートがいて、これを判断します。

さて、それでは腐敗を見分けるにはどうしたらいいでしょうか？ 一番はっきりわかるのは肉から発生するにおいと表面の粘り気です。これらが出たら、その肉は廃棄しなければなりません。

熟成は菌の発生を伴う現象ですから、単に肉の菌数を測定するだけでは判断できません。酵母などの良い菌であるのか、大腸菌やブドウ球菌などの食中毒をひきおこす悪い菌であるのかが問題となるのです。万能とは言えませんが、定期的な菌数のチェックは必要になるでしょう。

(5) ドライエイジングの注意点

1 環境を一定に保つこと

先にお話したように、熟成の環境を整え、一定に保ちます。

2 熟成庫に多種の肉を入れない

食肉業界では、牛と豚を一緒に保存したり、運搬したりすることはまずありません。それは牛の菌と豚の菌が違うため、それぞれの菌が混じることで食肉に悪影響を及ぼす可能性があるからです。

牛と豚の菌は別物であり、それぞれ繁殖する温度帯が違うので、同じ熟成庫に入れることは好ましい環境ではありません。また牛や豚特有の香りも互いに影響し合うでしょう。

しかし、レストランではメニュー構成上、数種類の肉を同じ熟成庫に入れている店もあります。私たちはあまりお勧めできませんが、この場合は悪い菌が増殖しない0℃から1℃の低温帯を保ち、必ず加熱調理を施すことが求められます。大腸菌も火を通すことで死滅します。

3 大きな塊で熟成させること

枝肉で吊るして熟成させると、細胞が壊れず、ドリップがほぼ出ないため、肉に付着せず、通気がよくなり、腐敗は起こりにくくなります。枝肉ですと、トリミング後のロスも10%ほどと少なくなります。

しかし部位別に熟成させると熟成期間を短縮できるという利点もあります。肉の中まで熟成が進んでいく時間は、大きい個体よりも小さいパーツのほうが短くなるからです。

4 最初からドライエイジングする？

屠畜後、肉の芯温をしっかり下げてからドライエイジングに入る必要があります。

牛の体温は屠殺直後は36〜38℃とかなり高いので、中が温かい状態で熟成庫に入れると、熟成中の他の肉にも悪影響を与えてしまいます。

5 輸入牛は骨付きを選ぶ

海外の牛はきれいすぎると言われています。現地で真空パックされて冷凍し、船便で1ヵ月かけて届く肉の場合、中の菌はほぼゼロに近いでしょう。菌がゼロの状態のものをドライエイジングしようとすると、菌を発生させるところから始めなければなりません。

しかしながら真空パックから出すと、酸化と同時に腐敗が始まってしまうので、エスフーズで行なっている熟成方法には適しませんでした。

輸入牛を使用するのであれば、骨の付いた状態で軽く袋詰めされた空輸ものがいいでしょう。輸入牛は和牛よりも赤身が多いため、ドリップが出やすいのが特徴です。真空の圧力がかかると肉の細胞が崩れて、ますますドリップが出やすくなるので、できれば真空パック以外のものを選んでください。

骨付きをおすすめするのは、現地で骨をはずすときに負荷がかかり、肉の繊維が傷んでドリップが出てしまうからです。骨付きならばその危険性が少なくなります。

6 熟成の「なぜ？」

Q1：熟成に向く牛種は？ 部位は？

黒毛和種、ホルスタイン種、褐毛和種、日本短角種など国産牛にはさまざまな牛種がありますが、向く向かないは食べ手の好みの問題なのでなんともいえないところです。

もちろん各牛種とも赤身の多い部位のほうが熟成に向きます。エスフーズが黒毛和種を熟成させているのは、もともとの肉に旨みがあり、脂にも味があるためです。

Q2：かたい肉でもおいしくなる？

赤身の旨みが増して柔らかくなり、脂身部分はさっぱりと食べやすくなることから、ドライエイジングはサシの入っていない部位やかたい肉をおいしくする、いわば肉の価値を上げることができる方法です。

旨み成分が増え、柔らかくなり、脂が食べやすくなるということが熟成の特徴で、どんな肉に対しても多かれ少なかれこういう変化が起こります。

エスフーズでは質の高いおいしい牛を選び、それをさらにおいしくさせる方法を選択しています。熟成すればおいしくなるからといって、価格の低いホルスタインの経産牛ばかりを扱うのではなく、お客の好み、価格条件に合ったよい牛を選んで熟成し、販売しています。

Q3：熟成時に肉を並べる向きは？

骨付き肉を熟成するときは、硬い骨が下になるように棚に置きます。骨は重いので、骨側を上にすると肉に重さがかかって、肉と脂の間が割れて隙間ができたり、肉の組織が傷んで腐敗につながりやすくなります。

肉に負担がかからず、なるべく空気がこもらないように肉を並べて熟成させます。

ドリップが流出すると腐敗の元になるので、肉に触れないよう、清潔に保ちます。

Q4：熟成庫の大きさは？

熟成は閉ざされた空間で行ないます。扉を開けると中の空気が入れ変わり、今まで存在していた菌がなくなって熟成の環境が不安定になります。

扉の大きさが同じであれば、小さい熟成庫よりも大きな熟成庫のほうがその影響は少なくてすむことになります。したがって温度管理、安定した菌の管理を考えると、大きめの熟成庫のほうがよいでしょう。

Q5：熟成庫を選ぶポイントは？

庫内を常に均一な環境に保てることが第一条件です。

具体的にお話すると、肉に均等に風が当たり、肉から出てくる湿度が調整でき、温度を安定させることができる熟成庫がベストです。こうして菌を増床させるような空気環境をつくれば、おのずと牛が持っている菌は増えてきます。

熟成庫を購入するときは、その店の規模や要望に合った棚の数、吊るすフックのスペースなどをメーカーの担当者と十分相談してください。

庫内の風がゆるやかに循環することが大前提なので、もし棚が壁にぴったりくっついた形で設置されていたら、何らかの方法で棚の後ろのほうにも風が回るような装置をつけなければならないでしょう。

とにかく庫内全体が均一な温度帯を保てるようにすることが肝心です。扉は1回でも開ければ、環境は多少なりとも影響されます。扉を開ける回数は少なければ少ないほど好ましいのです。

Q6：乳酸菌を吹きつけて熟成させると加工品になりますか？

乳酸菌に限るならば、もともと肉が持っている菌なので、加工品にはなりません。しかし乳酸菌を肉に塗布すると、乳酸発酵時にガスが生じるので、肉にとってあまりよくないでしょう。乳酸菌は肉に由来する菌ですが、多すぎるとよくないのです。むしろないほうがいいくらいです。

ウェットエイジングの場合、パック中に乳酸菌が多く入ると、乳酸発酵が生じてガスが発生してしまいます。

Q7：木の板などを入れると菌が培養しやすくなるか？

板や竹を入れたり、乳酸菌を植えつけるという話を聞きますが、それは菌を増やすためのやり方の一つです。エスフーズでは肉自体が菌床になっています。庫内に肉が大量に入ることによって、菌が増え、新しい肉に付着してまた増殖するというサイクルができているのです。

したがって、熟成室の清掃には気を使います。毎日ぴかぴかに磨いたら、大切な酵母菌まで失うことになるからです。もちろん床はドリップなどが流れる可能性があるので清潔に保たなければなりません。

上：熟成した枝肉を解体する。
下：エスフーズでは、熟成庫内の温度変化を防ぐため冷蔵室の中に設置している。

エスフーズの「超熟成」

肉を寝かせて自然に熟成させるのは日本独自の方法で、意図的に熟成環境をつくり出すアメリカのドライエイジングは違います。この中間を行こうというのがエスフーズの考え方です。

エスフーズがとっている加湿する熟成方法はまったく新しいやり方です。私たちはこれを「超熟成」と呼んでいます。牛肉から発生する菌を上手に増やして熟成させるという考え方です。

私たちは庫内温度を0～1℃、湿度を85～95％に保ち、なるべく肉から水分を抜かないようにして熟成を進めています。乾燥させると旨みを感じさせる肉汁が失われてしまうからです。

この温度帯では食中毒菌は増えにくいのですが、低温発酵菌である熟成のためのカビ酵母は増殖します。この室温下で湿度を88％に高めると、カビ酵母由来のカビが生えます。つまりカビ酵母が育ちやすい環境において熟成をさせているのです。

この場合の湿度は相対湿度（環境下の湿度。肉の持っている水分量など）ではなく、絶対湿度（加湿して与えた状態の湿度）で、加湿して湿度を88％に保ち、肉から水分が抜けるのを防いでいます。女性が肌にうるおいを与えるために加湿するのと同じです。

庫内の湿度が上から下までまんべんなく同一になるように、加湿器は室内の上のほうに設置しています。また肉の乾燥を防ぎたいので冷蔵庫からの冷気が直接肉に当たらないように設計しています。

熟成は枝肉か部位ごとのブロックで行なっています。枝肉は大きいので、まんべんなく均等に熟成させるためには、風もある程度は必要です。そのために扇風機を設置していますが、これは肉を乾かすためではなく、あくまでも風を送ることで室内の環境を一定に保つためのものです。

データによると普通の熟成肉より「超熟成」の肉は保水量が高いので、加熱後の肉汁は出やすくなります。熟成肉は厚みのある塊で焼いて提供するケースが多いようですが、十分噛んで肉汁をたっぷり含んだ赤身の美味しさを味わっていただきたいものです。焼いたときに普通の肉より肉汁が出にくいといわれるのは、熟成によってアミノ酸がしっかり構築されることで、肉の組織が変化し、加熱しても離水しにくくなっているのかもしれません。

---

(1) 温度

温度は0℃～1℃を保つ。大きな冷蔵室中に熟成庫を設置しており、扉の開閉のさいに熟成庫の温度が上がることを防いでいる。室内の出入りは当然あるので、影響はゼロではないが、極力影響を受けないようにしている。

(2) 湿度

加湿器を室内の上方に設置して加湿をし、88％の湿度を保っている。肉の旨みを含む水分を抜かず、熟成するために積極的に加湿する方法をとっている。

(3) 空気の対流

熟成室の環境を一定に保つために、扇風機を加湿器の対面の壁に設置して常に微風を送る。

(4) 熟成のための菌

牛自らがもつ酵母菌で熟成させる。これは低温で働くカビ酵母菌である。庫内の枝肉収容能力は60頭だが、つねに肉をぎっしり入れることで酵母菌を増やしている。

(5) 出荷

カビや菌がついている状態では販売できないので、ドライエイジングした肉は、トリミングして真空パックで出荷する。

第2章　レストランの熟成方法

肉料理のよさが見直されている。中でもドライエイジングが注目を集めている。これはニューヨークの高級ステーキハウスで取り入れられてきた、肉をよりおいしくするための技術として知られている。

近年我が国の食肉業界はもちろん、レストランでもこのドライエイジングを取り入れて肉を提供する事例が増えてきた。しかしドライエイジングと一言でいっても、そのやり方は実に多岐にわたる。

本章では「肉の熟成」を実際に採用しているレストランに、熟成を取り入れた理由、肉の選択とその肉のよさを引き出す熟成方法、この肉を生かした調理について取材した。

6店のさまざまな事例を通して、肉の熟成とはどういうことか、その実際を紹介していく。

THE BEEF WONDERLAND
又三郎

現在飼育頭数2000頭。アミノ酸量に富んだ赤身のおいしさで定評がある「土佐あかうし」と東北で34ヵ月かけて長期肥育された「黒毛和牛」。又三郎ではこれらの牛をじっくり6週間以上かけて熟成し、卓上に運んだ七輪の炭火でゆっくりゆっくり焼き上げる。

熟成前 ▷
手前が肩側で、奥がサーロインに近い側のリブロース。

土佐あかうし　骨付きリブロース
使用部位 / 骨付きリブロース（雌・11kg）
等級 /A3
種類と産地 / 褐毛和種高知系（高知県）
月齢 /28ヵ月程度
飼育方法 / 地元のワラなどの粗飼料を中心に、穀物配合飼料で肥育。

熟成後　7週間以上の熟成を経た状態。断面は黒っぽく色が変わり、カブリの部分が少し縮んで締まったように見える。

輸送方法／脱骨後ミートラッパーに包んでチルド輸送。屠畜後、到着まで1週間経過。
卸売業者／東京と大阪と高知に各1社。産地に同行して、又三郎が求めている肉をよく知ってもらい、好みに合った肉を届けてくれる業者とのつながりを大切にしている。

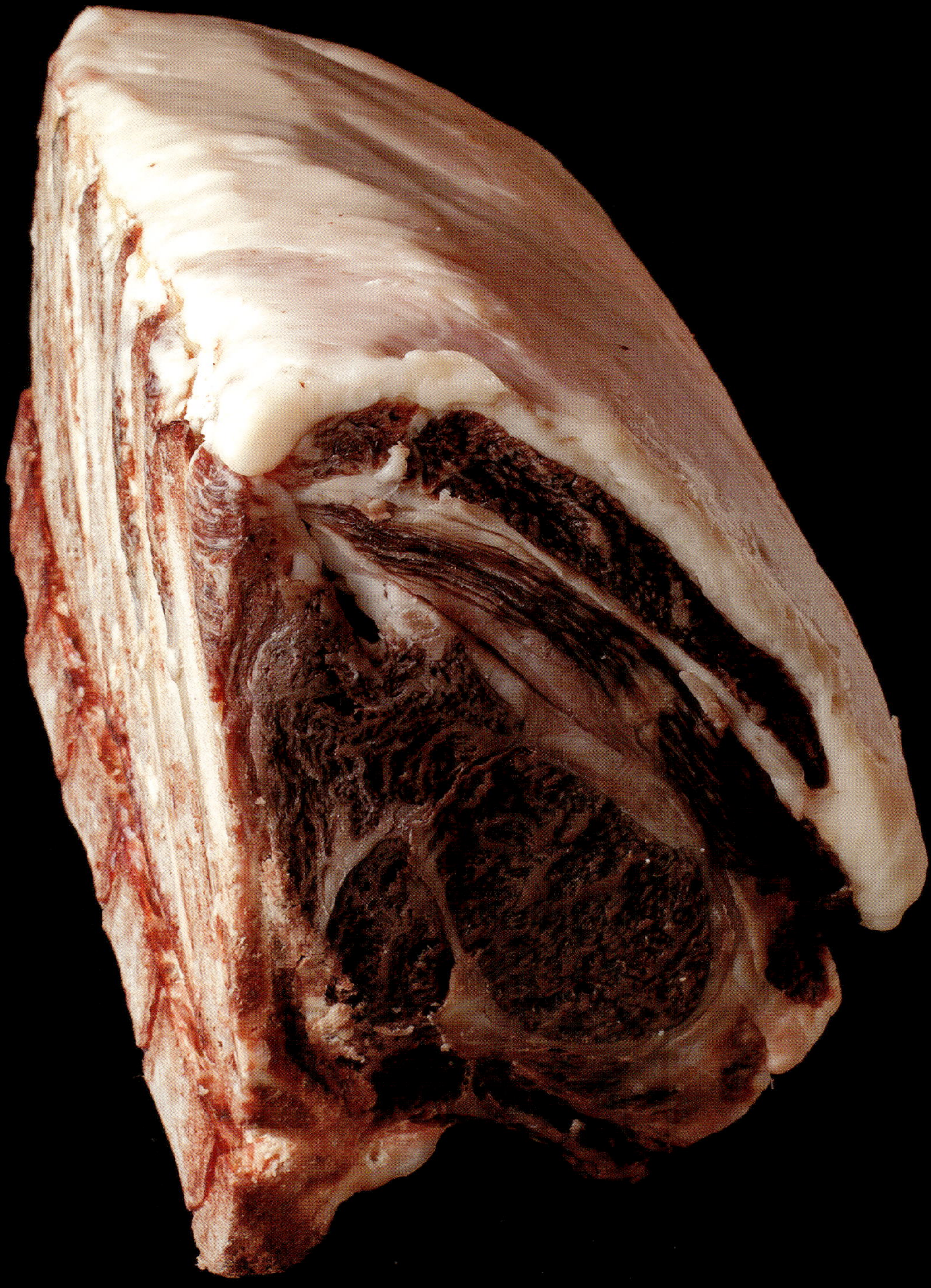

熟成について

熟成の種類と期間
ドライエイジング6〜7週間。食べ頃はその後1〜2週間ほど。部位によっても差がある。比較的小さな部位であるヒレは2週間〜とかなり短くなる。

熟成庫
温度2〜3℃、湿度70％を想定して、常時空気を対流させる。熟成庫は冷蔵庫メーカーに特注。熟成庫は温度を設定できるが、設定温度と実際の温度が食い違っていることが多々ある。センサーの位置によっても違いが生じるので、必ず温度湿度計を別に入れて管理している。風の当たる場所によっても温度が違うので熟成庫のクセをつかむまでは数ヵ所に設置する必要がある。

なぜ熟成をするのか？
15年間焼肉店を営んできたので、和牛は慣れ親しんだ肉だ。この最高の和牛をよりおいしくするために長期熟成という方法を取り入れた。

最近、熟成＝赤身のような短絡的な図式が一部である。これまでは確かにおいしい和牛＝霜降りという概念に偏りすぎてきたように思う。しかし和牛は本来、脂の融点が低くて、赤身のキメが細かい牛である。

又三郎では日本で慣れ親しまれてきた和牛に、より複雑味を与えるために熟成している。500gの塊肉を食べてもらうというよりも、100gでも十分満足してもらえるような熟成を目指している。

なお熟成香については、脂に由来すると思う。あかうしも黒牛も熟成すると脂の香りが格段によくなる。脂が酸化に傾いてはいけないが、正しく熟成させると、とても食べやすいおいしい脂に変化する。

又三郎では牛を一頭買いして、焼肉と熟成肉の両方に使う。ゆえに長期熟成せずに使う焼肉用としてもおいしく食べられる牛を選んでいる。雌にこだわったり脂質にこだわるのはこのためだ。この最高の牛の赤身の部位に熟成による独特の香り、風味をつけ、厚切りで焼いて口の中で噛み切る歯ざわりとあふれ出る肉汁を楽しんでいただくために熟成をしている。

熟成でおいしくなる牛

まず「①肥育月齢の長さ」が挙げられる。あかうしのように飼育頭数が少ない牛には無理な条件だが、黒毛和牛に関しては肥育月齢が短いものは熟成には向かないと思う。

つぎに挙げられるのは、「②脂の融点の低さ」である。肉の食感、口溶け、香りのよさはこれに基因する。また「③赤身のキメの細かさ」も食感に影響するため、雌牛を選択している。

熟成方法

和牛は「乾いた牛」といわれるように、もともと水分含有量が少ない肉なので、ニューヨークスタイルのように風が表面に直接当たると肉が乾いてしまう。このため、強い風が直接当たらないように木の板を入れて調整している。また、厚い脂は乾燥を防いでくれる意味もあって、通常脂側を上に向けて熟成させている。

2013年10月から新しい熟成庫を入れて「土佐あかうし用」と「黒毛和牛用」の熟成庫を別に分けて、熟成香の違いを検証する試みを始めた。現在庫内環境は1台目と同じ設定としている。以前は、同じ庫内で熟成していたのだが、違う香りが発生して互いに影響し合うのではないかとの懸念からだ。牛肉と豚や羊、鴨などの香りはそれぞれ違うので、牛肉と一緒に熟成させると、これらの肉に牛肉の香りがつく可能性があることから、「あかうし」と「黒毛和牛」の間にも同じような現象が起きるのではないかと考えた。半年後をめどに「土佐あかうし」専用の熟成庫にする予定だ。

お客からも見えるように、熟成庫には熟成の情報(牛種、部位、熟成開始日など)を書き込んだ札を肉の前に立てて、熟成の過程をご覧いただきながら客席に案内している。

熟成の見極め

頃合になると熟成の良い香りがしてくる。熟成状態は実際に焼いて食べてみないとわからないので、あらかじめ設定した熟成期間を経たら食べて判断している。

風が当たらないアバラ骨の跡の部分や、肉のくぼみを下に向けて熟成させると、ムレたような臭いがしてくることがあるので注意する。

衛生面

肉の熟成に有用な菌が働き、悪い菌が休眠するような温度管理が肝心。ドリップから臭いが発生するので、つねに庫内をふいて清潔に保つことが大切。庫内の環境は熟成庫内の香りで判断している。

かつて熟成肉の生食を考えた時期に、1年ほどかけて庫内の状態を調べるために毎週細菌の検査をして(現在は牛肉の生食はできないので、検査はしていない)、サルモネラ菌、大腸菌、ブドウ球菌、一般生菌の数をチェックしていた。

また熟成庫の開閉を極力減らすために、当日使用する分の肉は厨房内の小型の熟成庫に移して、必要分を適宜取り出すようにしている。

厨房カウンター内の小型の熟成庫。当日使用する肉はこちらに移して管理する。

料理につながる熟成状態の肉のイメージ

熟成肉は表面を焼いて、すぐ火からおろしてアルミホイルで包む。これは表面に蓄えた熱で肉の内部に火を入れるため。この焼き方を3回くり返して、ゆっくり熟成肉を目覚めさせ、最後には肉においしそうな焼き色をつけて脂を落とし香りを立てる。

リブロースは肉と肉の間に脂をかんでいる(はさみ込んでいる)部位だ。もしこれを強火で焼くと、中の脂に火が入る前に周りがこげてしまうので、火加減と焼き時間に注意している。ただし同じリブロースでもサーロインに近い側は中に脂がかんでおらず、サシも少し入ってくるので、火加減は比較的強めにしている。

土佐あかうし骨付きリブロース
カッティングとトリミング

ブロックについている胸椎と肋骨（アバラ骨）をはずして、肉をカットする。すべてを一度にトリミングせずに、必要に応じてその都度カットしてトリミングし、極力ロスを出さないようにしている。

1 7週間熟成した骨付きリブロース。胸椎と肋骨が付いている状態で仕入れる。

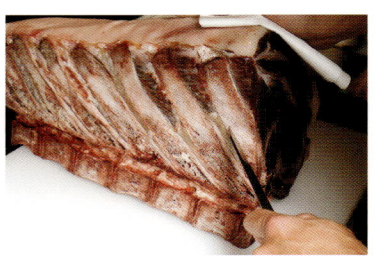

2 胸椎に沿って両側に包丁の切っ先を入れて、骨の周りをはずす。すべるのでペーパータオルで脂身を押さえながら行なう。

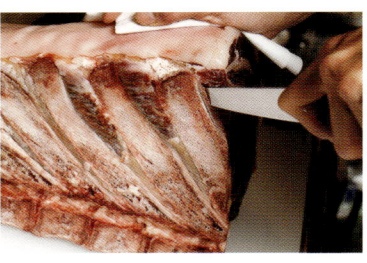

3 2の切り目から包丁を入れて、肉をつけないように骨を切りはずしていく。

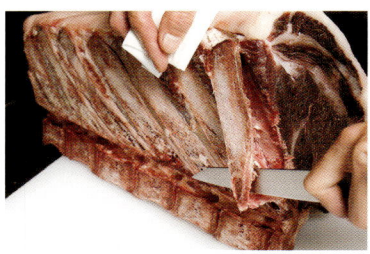

4 下まで切り、骨のつけ根をはずす。

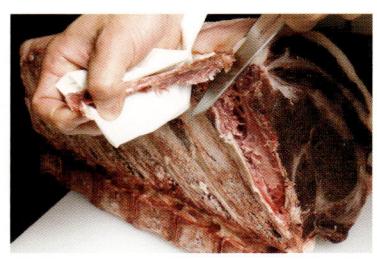

5 骨を持ち上げながら、先のほうの肉をはずしていく。

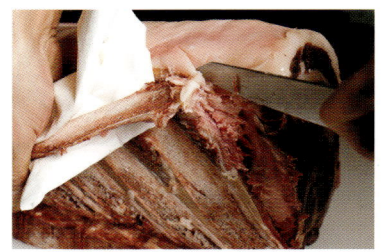

6 骨の先を切りはずす。

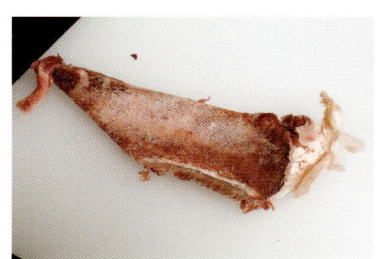

7 はずした骨。

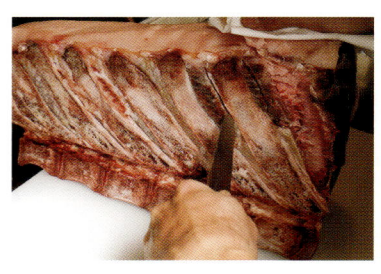

8 次の骨の両側にも包丁を入れる。

9 肉の向きを変えて脂側を下にして、なるべく肉をつけないように骨をはずしていく。

10 骨の先から包丁を入れて骨をはずす。つけ根ははずさなくてもよい。

11 変色した断面はトリミングして除くので、だいたい4cm強の厚さに切る。骨ぎりぎりまで切る。

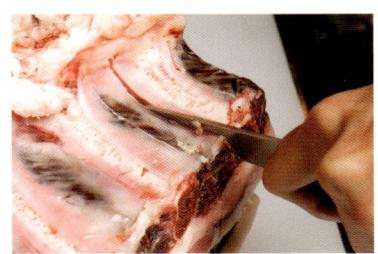

12 肉の向きを変えて肋骨側を上に向ける。4cm厚さのところに包丁を入れる。

13 肋骨の下側を切る。なるべく肉を骨につけないように。

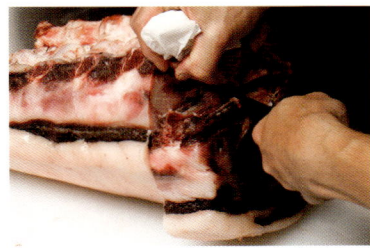

14 肋骨を持ち上げて、切り進める。

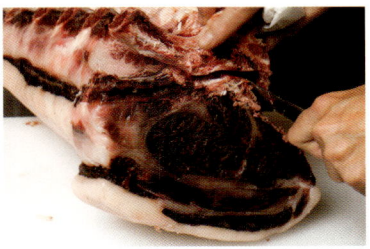

15 胸椎のつけ根まで切り進めて肉を骨からはずす。

16 必要分だけカッティングしたリブロース（写真左）。これで1.5kg。

17 骨は写真のように右側のブロックのほうに残して切り分ける。

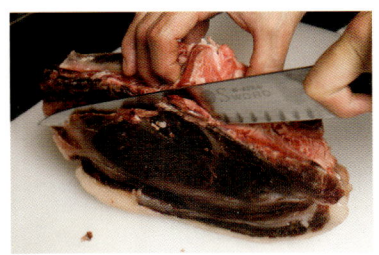

18 ドライエイジングによって変色した断面を切り落とす。

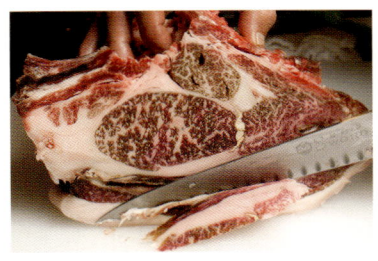

19 肉の色がこの程度になるまで、変色した部分をトリミングする。

20 切りはずした肉。

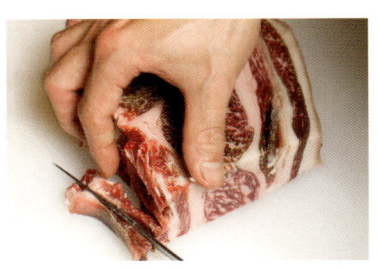

21 脂身を切り落とし、端の薄い肉を切り落とす。

22 もし中に変色した部分が残っていたら、切りはずしておく。

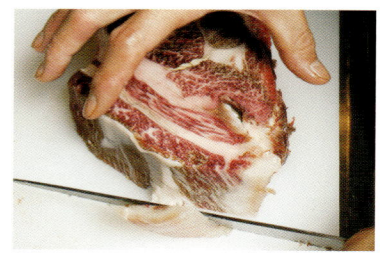

23 脂身を写真程度まで切りはずす。表面の脂は廃棄する。内側の脂はミンチに利用する。

24 右上はトリミングした肉。時計回りに切り落とした表面の脂（廃棄）、断面の黒く変色した肉（だし用）、塊の脂身（ミンチ）。

25 トリミングした肉。これで870gになった。この場合価格はここから脂身分を抜いた700gで計算する。

26 必要分をカットする。1切れ380g。このうち脂身分は70g相当。これを引いて価格を計算する。

又三郎の牛肉

又三郎では、「土佐あかうし」は部位で、「黒毛和牛」は1頭買いして、熟成用と焼肉用に使い分けている。

赤身のおいしさで評判が高い高知県を代表する褐毛和種「土佐あかうし」。もともとが田畑の使役牛なので足腰が丈夫で、傾斜地などの山道を移動するのも苦にしないし、丈の短いシバなどをよく食べる牛種である。産地では傾斜地や芝草地で親子が放牧される光景も見られる。現在の飼育頭数はわずか2000頭（平成25年）。年間600頭しか出荷されない貴重な品種だ。

熟成することで土佐あかうしの赤身は歯ざわりがよくなり、野趣に富んだ香りが生まれる。これは黒毛和牛の香りとは一味違ったものである。
多くのブランド黒毛和牛が霜降り（サシ）をアピールするなか、土佐あかうしは、コクと旨みのある赤身がおいしいとして評価の高かった牛だ。

一方又三郎のもう一つの主力商品である「黒毛和牛」は、岩手県産、宮城県産、山形県産が中心。東北の生産者は牛飼いにこだわる方が多く、30〜34ヵ月もの長期肥育をしている。長く肥育した牛は味が格段に違う。もちろん産地に出向き、生産者と飼育の環境で判断して買いつけている。黒毛はもともと食肉のために改良を重ねてきた、馬でいえばサラブレッドのような牛種なので、とても食味が良く、繊細な味わいが持ち味だ。

「あかうし」の野趣味、「黒毛」の繊細さ。このように牛種によって肉質にかなり違いがあるので、熟成後も当然味に違いが出てくる。ぜひこの違いを楽しんでいただきたい。

熟成用と焼肉用

又三郎には「熟成肉の炭火焼き」と「焼肉」のメニューがある。熟成には「あかうし」「黒毛和牛」、焼肉にはもっぱら「黒毛和牛」を使っている。
焼肉用（熟成させない）にしてもおいしい牛を1頭買いして、それぞれに合った部位を使い分けている。

熟成用にはモモ、ウデなどの赤身の多い部位を使い、焼肉には脂の多い肩ロース、トモバラなどの部位を使っている。用途によって使用する部位を分けて、それがうまく回転している。

熟成肉は塩コショウというシンプルな味つけにして、熟成香や旨みに富んだ肉汁を楽しんでいただきたいが、焼肉はタレの味と脂の甘みを強く感じる料理だと思うので、サシの入った肉が向いていると思う。

焼く

炭火をおこした七輪で表面を焼いて、火からおろしてアルミホイルで包んで表面の熱を肉に通す。これを3回くり返して焼き上げる。

1回目の焼きは肉の中心まで常温にしっかり戻すようなイメージで。この焼きが甘いと、中が冷たいまま2回目、3回目を焼くことになり、肉の表面から数mmに火が入ってたたきのような焼き上がりになってしまう。肉は表面のみがこうばしく焼けて、内側はミディアムレアに火を入れるのが理想。

肉のたんぱく質の立体構造が加熱変性しないように、3回に分けて、途中やすませながら焼いている。

七輪と熱源
真っ赤におこした土佐備長炭を入れて、焼き網をのせる。焼き網は中央を小高い山のような形に変形させている。こうしておくと大きな炭を入れられるし、遠火の部分をつくることができる。上には排煙装置が設置されている。手元にスポットライトもついており、肉と肉から立ち上がる煙がよく見えて演出効果大。また何度もくり返しやすませながら手間隙かけて焼くことで、付加価値をつける。

1 塩は多めに、黒コショウは熟成香のじゃまにならないよう、少量挽きかける。

2 よく焼いた網の高い部分に肉をのせる。

3 煙が出てきてうっすらと淡い色がついたら裏返す。

4 少しずつ均等に両側から焼く。前後を入れかえながら均等に。いろいろな食感を味わっていただくために、側面は焼かない。

5 約3分間焼いたら、いったん火からおろす。1回目の焼きは肉を常温に戻すというイメージで。

6 アルミホイルに包んで、このまま皿の上で3分間おく。表面に蓄えた熱を肉の中に通す。

7 アルミホイルから取り出して、再び炭火で焼く。

8 何度か返しながら両側から均等に焼く。時間は3〜4分間。

9 再びアルミホイルに包んで3〜4分間おく。

10 最後は美味しそうな焼き色（熟成によって増えたアミノ酸のメイラード反応による）をつける。肉自体が温まっていると、同じ火加減でも火の通りは早くなる。

11 側面がふっくらとふくらんできたら、焼き上がる頃合。トングではさんだときの弾力などで判断する。

12 焼き色がおいしそうについたら火からおろし、冷めないようにアルミホイルで軽く包んでしばらくおく。切り分けて、断面が見えるように盛りつける。

土佐あかうし リブロース

客席に七輪を運び、この上でじっくりやすませながら焼き上げる。焼き上がったら厨房に戻して、皿に盛りつけて提供する。

リブロース炭火焼き（→ 29 頁）

つけ合せ
カブの浅漬け　1 切れ
トマト（厚切り）　1/2 切れ
紫イモ（蒸して厚切り）　1 切れ
ブロッコリー（ゆでる）　1 房
丹波黒豆の枝豆（ゆでる）　適量

薬味
フルール・ド・セル　適量
マスタード入り BBQ ソース　適量

ミートパイ

熟成肉のネックやスネ、脂などをあますところなく使ったミートパイ。手切りにした肉とミートチョッパーにかけた肉をミックスして、食感の違いをつけた。コースの中の一品として、またテイクアウト、通信販売にも対応している。

フィリング（25個分）
- 熟成肉＊（1cm角） 400g
- 黒毛和牛チマキ＊＊
  （5mm口径） 1kg
- ゆで玉子（粗みじん） 8個
- ドライパン粉 80g
- 卵 4個
- 玉ネギ（小角切り） 1個
- シイタケ（小角切り） 2個
- 無塩バター 適量
- 塩 24g
- 黒コショウ 適量

パートフィロ 9枚（27個分）
パイシート（ブリゼ生地） 適量
ドリュール（溶き卵） 適量
BBQソース、セルフィユ 各適量

＊黒毛和牛のネック、スネ、脂などを利用し、手切りで粗く切っておく。
＊＊関西ではスネの部位をさす。これを口径5mmのミートチョッパーでミンチにする。

1 フィリングを仕込む。玉ネギとシイタケをバターで炒めて冷ましておく。ドライパン粉と卵をよく混ぜ合わせる。
2 フィリングの材料をすべて合わせてよく混ぜる。1個80gに丸めて、3等分に切ったパートフィロで包んで冷凍しておく。
3 パイシートを2～3mmに延ばし、直径8cmと12cmのセルクルで丸く抜く。
4 小さなシートの上に冷凍したまま**2**のフィリングをのせて、大きなシートをかぶせて包む。残ったシートを飾りに細長く切って貼る。ドリュールをぬる。
5 220℃に熱したオーブンに入れて30分間焼く。
6 BBQソースとセルフィユを添える。

パテ

熟成肉の端や脂を利用した厚切りのパテ。いろどりよくピクルスを添えて。

ファルス（テリーヌ型1本分）
- 熟成肉＊（1cm角）　400g
- 熟成肉の脂　250g
- 豚肩ロース　300g
- 鶏レバー　200g
- パセリ（みじん切り）　適量
- 卵　2個
- 玉ネギ（みじん切り）　1/2個
- 無塩バター　適量
- 塩　14.5g
- マリナード＊＊　適量
- オールスパイス、シナモン、ナツメグ　各適量
- ピスタチオナッツ（湯むき）　30g

網脂　適量
タイム、ローリエ　各適量
コショウ　適量

つけ合せ
ピクルス＊＊＊　適量

＊黒毛和牛のネック、スネなどを利用し、1cm角に切っておく。
＊＊ポルト酒（ルビー）、ブランデー、マデラ酒を同量ずつ合わせる。
＊＊＊キュウリ、パプリカ、ダイコン、カリフラワーは生のまま食べやすい大きさに切る。ミョウガ、レンコン、ニンジンは熱湯でサッとゆでる。酢に水、塩、砂糖を加えて沸かし、タイム、ローリエ、ニンニク、黒コショウを入れて火を止めて冷ましてピクルス液をつくる。切り分けた野菜を漬け込む。一晩ねかせて次の日から使う。

1 熟成肉の脂、豚肩ロース肉、鶏レバーは口径5mmのミートチョッパーにかける。
2 **1**をボウルに移し、マリナードを適量かけて1時間おいて味をなじませる。
3 玉ネギはバターで色づけないようにしんなり炒めて冷ましておく。
4 **2**の中に卵、パセリ、**3**の玉ネギ、塩、スパイス類、ピスタチオナッツを加えてよく混ぜる。
5 最後に角切りの熟成肉を加えて混ぜ、冷蔵庫に1日おいて味をなじませてファルスをつくる。
6 テリーヌ型の内側にアルミホイルを敷き、その上に大きめに切った網脂（上まで包めるように）を敷く。
7 型にファルスを詰め、網脂で包み、上にタイムとローリエを貼りつける。
8 蓋をして、湯をはったバットに入れて、150〜160℃のオーブンに1時間20分入れる。
9 蓋をはずして粗熱をとり、上に重石をのせてプレスする。冷蔵庫に3日間ねかせたのち、使い始める。
10 切り分けて器に盛り、ピクルスを添えてコショウを挽きかける。

旬野菜のゴロゴロサラダ

大きく切って生野菜のおいしさをそのまま生かし、肉がさっぱり食べられるように、ノンオイルのソースを使ったサラダ。

- キュウリ
- カブ
- 水ナス
- プチトマト、フルーツトマト
- アンディーブ
- マッシュルーム　以上各適量

ソース
- レモン汁　30g
- スイートチリソース　30g
- ショウガ（みじん切り）　10g
- パクチー（みじん切り）　3本分
- 醤油　少量
- 白ワインヴィネガー　少量

パクチー（みじん切り）　適量

1 野菜を食べやすい一口大に切る。
2 ソースの材料をすべて合わせて攪拌する。
3 野菜をソースで和えて器に盛り、パクチーをふる。

冷やしトマトのコリアンスタイル

焼肉も提供している又三郎ならではの、韓国風の冷やしトマト。豪快に丸ごと1個使った人気のサラダ。

- トマト　大1個

コリアンドレッシング
- ゴマ油　200cc
- 砂糖　65g
- 薄口醤油　45g
- 米酢　45g
- 塩　20g
- 白いりゴマ　15g
- ニンニク（すりおろし）　10g
- ショウガ（すりおろし）　10g

奴ネギ（小口切り）　適量

1 トマトは皮を湯むきし、6等分のくし形に切り分ける。
2 コリアンドレッシングを仕込む。白いりゴマをミキサーにかけて半ずりにしたのち、その他の材料をすべて入れて回し、冷やしておく。
3 トマトを器に盛り、コリアンドレッシングを適量かけ、奴ネギを上にたっぷりのせる。

大根サラダ
ゴルゴンゾーラチーズ添え

ダイコンと葉野菜を数段重ね合わせた高さのある楽しい盛りつけのサラダ。レモンの香りがさわやかなドレッシングで。

　　ダイコン（薄い輪切り）　7枚
　　ホワイトセロリ　適量
　　サラダミズナ　適量
　　レモンドレッシング
　　┌レモン　1個　　　　├サラダ油　150g
　　├ハチミツ　80g　　　├白ワインヴィネガー　50g
　　└オリーブ油　70g　　└塩　適量
　　ゴルゴンゾーラチーズ（角切り）　適量
　　クルミ（ロースト）　適量

1 ダイコンは水にさらしておく。ホワイトセロリとミズナは5cm長さに切りそろえて合わせ、水にさらす。ともに水気をきっておく。
2 レモンドレッシングをつくる。レモンは皮の表面をすりおろしたのち、レモン汁をスクイーザーでしぼる。皮とレモン汁を合わせる。
3 2にその他の材料を合わせてよく混ぜる。
4 平らな皿にホワイトセロリとミズナを平らに盛り、上に径の大きいダイコンをのせる。
5 ホワイトセロリとミズナ、輪切りのダイコンを順に数段重ねる。ダイコンはだんだん径を小さくしていく。
6 上からレモンドレッシングをかけ、ゴルゴンゾーラチーズ、手で砕いたクルミを散らす。

THE BEEF WONDERLAND
又三郎

〒558-0003
大阪市住吉区長居2-13-13
長居パークホテル1階
Tel. 06-6693-8534
定休日　木曜日
営業時間　11:30～14:00（LO 13:00）
　　　　　17:30～23:00（LO 22:30）

　「又三郎」は大阪・住吉で1989年に高級焼肉店としてスタートした。店主の荒井世津子氏が「熟成肉」に着手したのは、2005年アメリカ・ニューヨークへの外食研修旅行がきっかけだった。訪れた高級ステーキハウスで、ドライエイジングしたステーキを食べ、これまで親しんできた黒毛和牛にはない味わいを見出した。このドライエイジングビーフに確かな手ごたえを感じ、差別化をはかるために導入しようと決めて試作に試作を重ね、商品化にこぎつけた。
　「又三郎」では、安い肉をおいしくするためではなく「良いものをより良くするため」に熟成という技術を取り入れている。従来から焼肉用に仕入れてきた黒毛和牛に加えて、熟成で力を発揮する高知県産の褐毛和種「土佐あかうし」を選び、又三郎の熟成肉の看板商品に育て上げた。
　2011年に長居駅前の長居パークホテル内に移転し、"THE BEEF WONDERLAND"を掲げた新店舗を開店。全42席に増床した。
　調理・提供方法も独創的だ。焼肉店にとらわれない発想と排煙設備がこれを可能にしているのだが、炭火を真っ赤におこした七輪を客席に運び、この場で「焼いてやすませる」という作業をくり返し、手間と時間をかけて焼き上げる。したがって提供まで時間はかかるのだが、目の前で自分のために手間隙かけて焼かれている肉を見ていると、お客は待たされているという気にならないようだ。
　今や関西圏内だけでなく、「又三郎」の熟成肉を目当てに海外から訪れるお客も珍しくない。最近では熟成肉は開店当初のメインだった焼肉をはるかに超える売上げを上げている。
　テイクアウト用に用意した熟成肉のミートパイやハンバーグサンドイッチ、ステーキサンドイッチも人気が高い。また法人からのまとまった弁当の注文も増えてきた。

店舗平面図

メニュー

［コース］
熟成肉を楽しむコース（2名より）　6500円
ティスティングコース（2名より）　4500円
熟成肉と焼肉を味わうコース（2名より）　5800円

［熟成肉単品］
土佐あかうし　熟成期間6〜8週間
リブロース　150g 4500円／100g 3000円
黒毛和牛特選もも肉　熟成期間4〜6週間
（赤身）らんぷ・うちもも・まくら・とうがらし
　　150g 4000円／100g 2700円
（赤身から霜降り）らんぷ・うちもも・いちぼ・くり
　　150g 4000円／100g 2700円
（霜降り）いちぼ・うちもも　150g 4000円／100g 2700円
（霜降り）みすじ　150g 4500円／100g 3000円
　　フィレステーキ（熟成期間2〜3週間）　150g 4000円
　　骨付リブロース（熟成期間6〜8週間）　150g 4500円
　　熟成ブリスケ（熟成期間4〜5週間）　100g 2100円

［サラダ］
こだわりトマトとモッツァレラチーズのカプレーゼ
　　750円
冷やしトマトのコリアンスタイル　600円
8つの野菜のピクルス　450円
旬野菜のゴロゴロサラダ　840円
彩り野菜のバーニャカウダ　750円
大根サラダ ゴルゴンゾーラチーズ添え　750円
長芋・白菜・ほうれん草の和風サラダ　680円
他

［デザート］
白玉あずき　600円
チョコファッジサンデー　900円
ゴールデンパインのカタラーナ　700円
焼きバナナのバニラアイス添え　650円
デコレーションケーキ各種　1ホール2000円〜
他

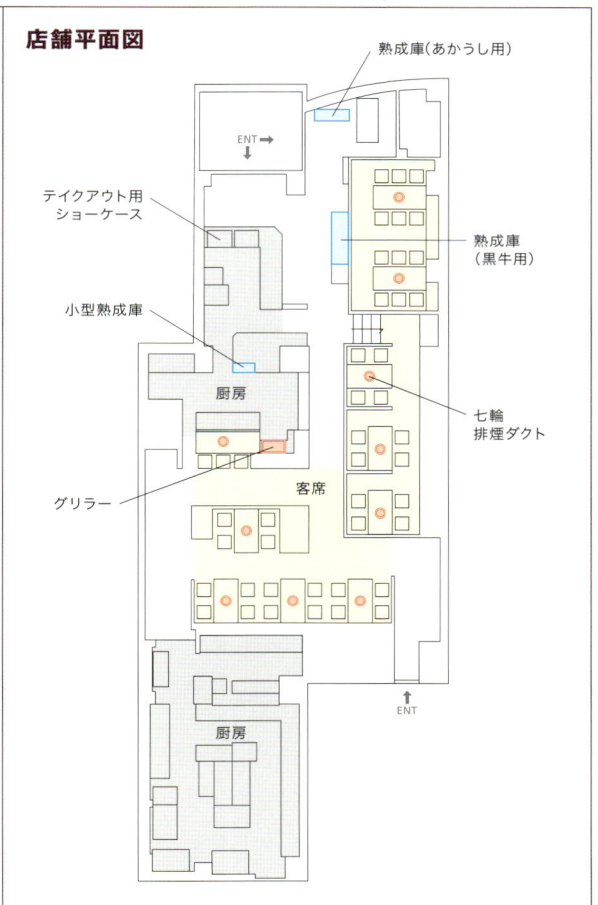

左頁下：天井が高いため、寒々しくならないように中二階にロフト形式の客席を設けた。
左上：オープンキッチンとカウンター席。こちらは白いタイル張りのテーブルと白い座席で明るい雰囲気。
下：入り口左手には土佐あかうし用に用意した熟成庫が。

La Boucherie du Buppa
CUISINE DE CHARBON
ラ・ブーシェリー・デュ・ブッパ

1年を通して入荷するジビエ、牛肉や豚肉の枝肉の数々。入り口正面に設置された熟成庫で熟成を待つこれらの肉に、来店客は誰もがまず目を奪われる。「肉を食べる」ために訪れたレストランの店内は、炭火で焼かれた肉の香りと人々の熱気に包まれている。

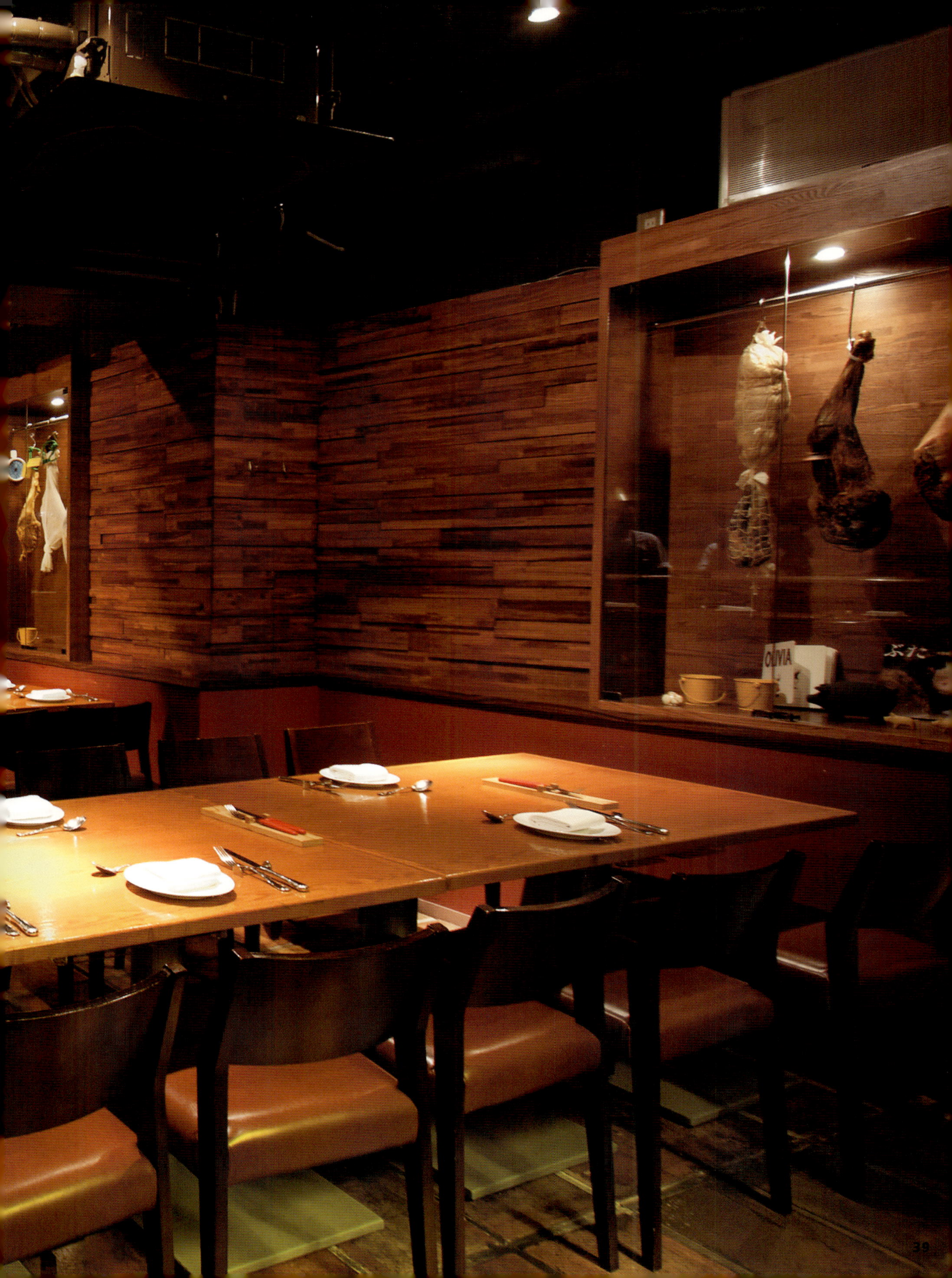
OLIVIA

本州鹿　胴体（背ロースを取り出す）

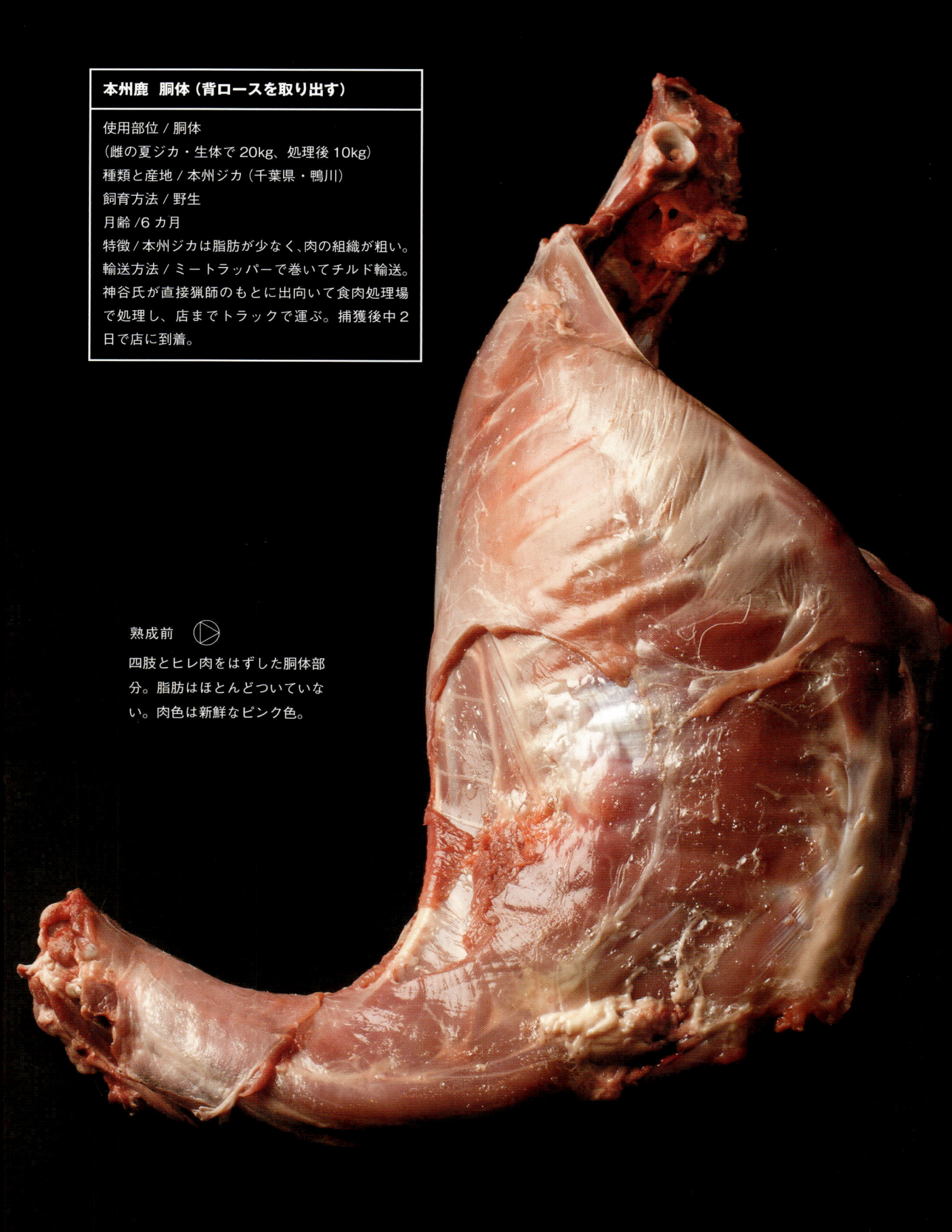

使用部位／胴体
（雌の夏ジカ・生体で20kg、処理後10kg）
種類と産地／本州ジカ（千葉県・鴨川）
飼育方法／野生
月齢／6カ月
特徴／本州ジカは脂肪が少なく、肉の組織が粗い。
輸送方法／ミートラッパーで巻いてチルド輸送。神谷氏が直接猟師のもとに出向いて食肉処理場で処理し、店までトラックで運ぶ。捕獲後中2日で店に到着。

熟成前　▷
四肢とヒレ肉をはずした胴体部分。脂肪はほとんどついていない。肉色は新鮮なピンク色。

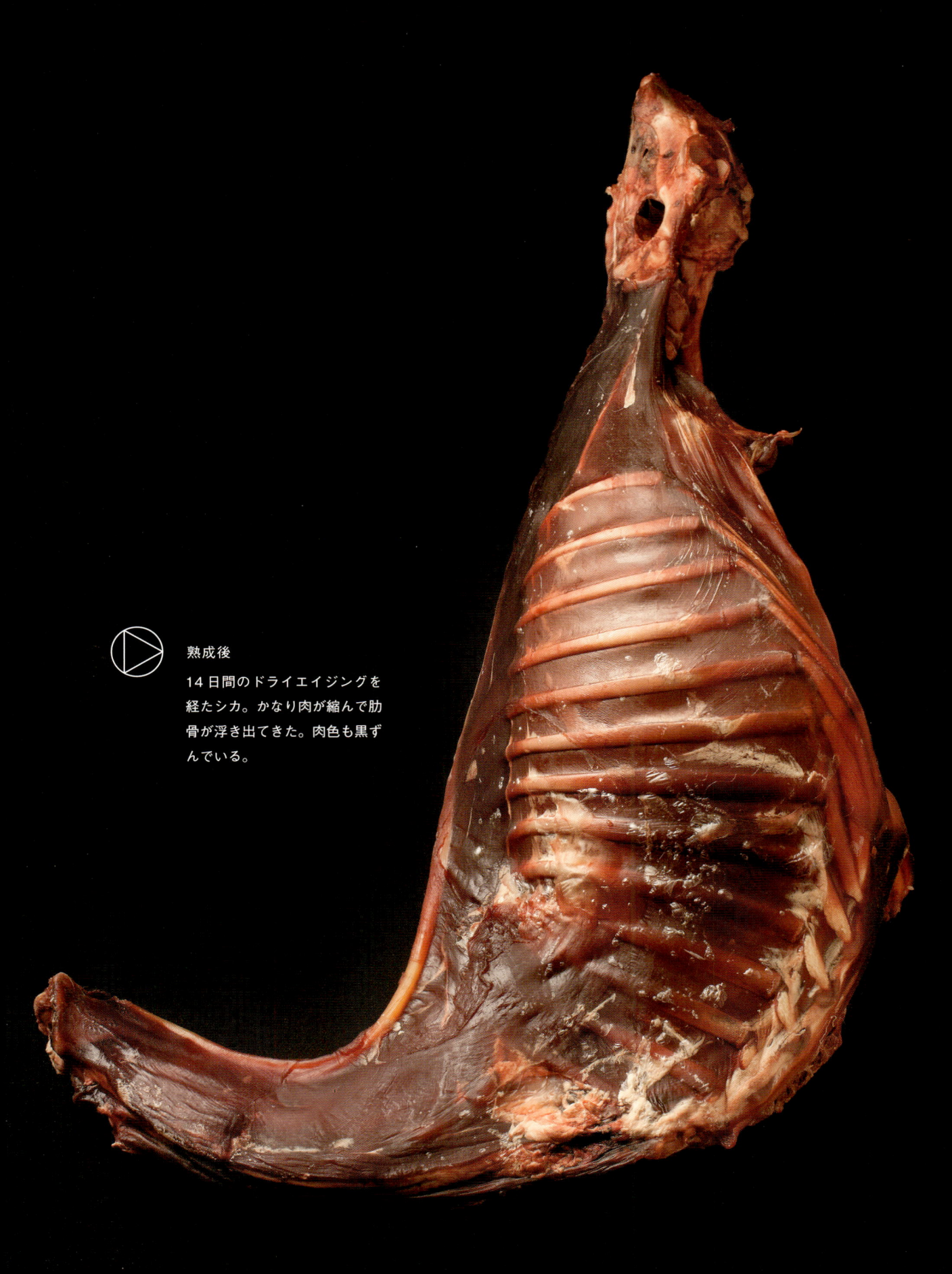

▷ 熟成後
14日間のドライエイジングを経たシカ。かなり肉が縮んで肋骨が浮き出てきた。肉色も黒ずんでいる。

熟成について

熟成の種類と期間
シカは14日間ドライエイジングする。

その他の肉については屠畜後、牛モモ肉1本ならば50日間程度、骨付きのサーロインは30日間程度、豚（枝肉）ならば40日間程度。鴨は14日間、キジは30日間程度が目安（ともに腸を抜き、羽をむしったもの）。

なお熟成期間は、肉の血液量や繊維の密度によってさらに細かく調整する。またクマなどのように繊維が粗い肉は発酵時に熱が出やすいので、ずっと0℃で熟成する。脂肪が多いものであれば湿度0％の環境下で熟成させて脂の水分を飛ばすといった細やかな調整が必要となる。

熟成庫
熟成庫は扉ごとに4室に分かれており、1室ごとに温度と湿度を調整できる特注品。倉庫会社に委託して製作した。

熟成方法
どの肉も、まず最初は0℃の熟成室で肉の表面近くの水分を飛ばす。その後、季節や肉質に合った温度、湿度のもと、適切な熟成期間をおく。最初の3日間は温度0℃、湿度0％。その後温度を1℃、湿度を40～50％に上げる。最後の2～3日間は湿度を60％に上げて仕上げる。なお湿度については、外気の湿度が高い夏には22～37％、低い冬には60％に調整することもある。

庫内上方には枝肉や大型の肉をフックで吊るし、中段から下には部位ごとに切り分けた肉を木板にのせて熟成させる。これは木から発生する有用菌を利用するというよりも、肉から出るドリップを吸収するためである。棚におく際は脂肪側を下にしている。

均等に熟成が進むように、数日たったら頃合をみて、肉の前後を入れかえている。

熟成の見極め
まずにおいで判断する。適切な熟成状態になると心地よい熟成香が生じる。

また熟成させた肉の表面は乾いているが、指で押すと少し戻るくらいの弾力が残っている。この弾力で判断する。この大きさ（処理した状態で10kg）のシカならば14日間で100gの水分が抜ける。

衛生面
検査機関で1年に1度、悪い菌の数とアミノ酸量を測っている。

料理につながる熟成状態の肉のイメージ
重たいソースを合わせなくてもいいように、あまりクセを強く出さないように熟成している。

ジビエの場合は、水分量は完全熟成の一歩手前が理想。ほどよく水分が残っていると、フレッシュ感を感じさせることができて食べやすい。肉を食べたときの歯切れのよさをいかに与えるかがエイジングのポイントとなる。

焼くにあたっては炭火を用い、熟成によってギュッと締まっていた肉の繊維を、炭火の加熱によって内側からじんわり開かせるようなイメージで焼いている。火入れは理想の8割までにとどめ、客席に運び、食べるときにベストな状態にもっていく。

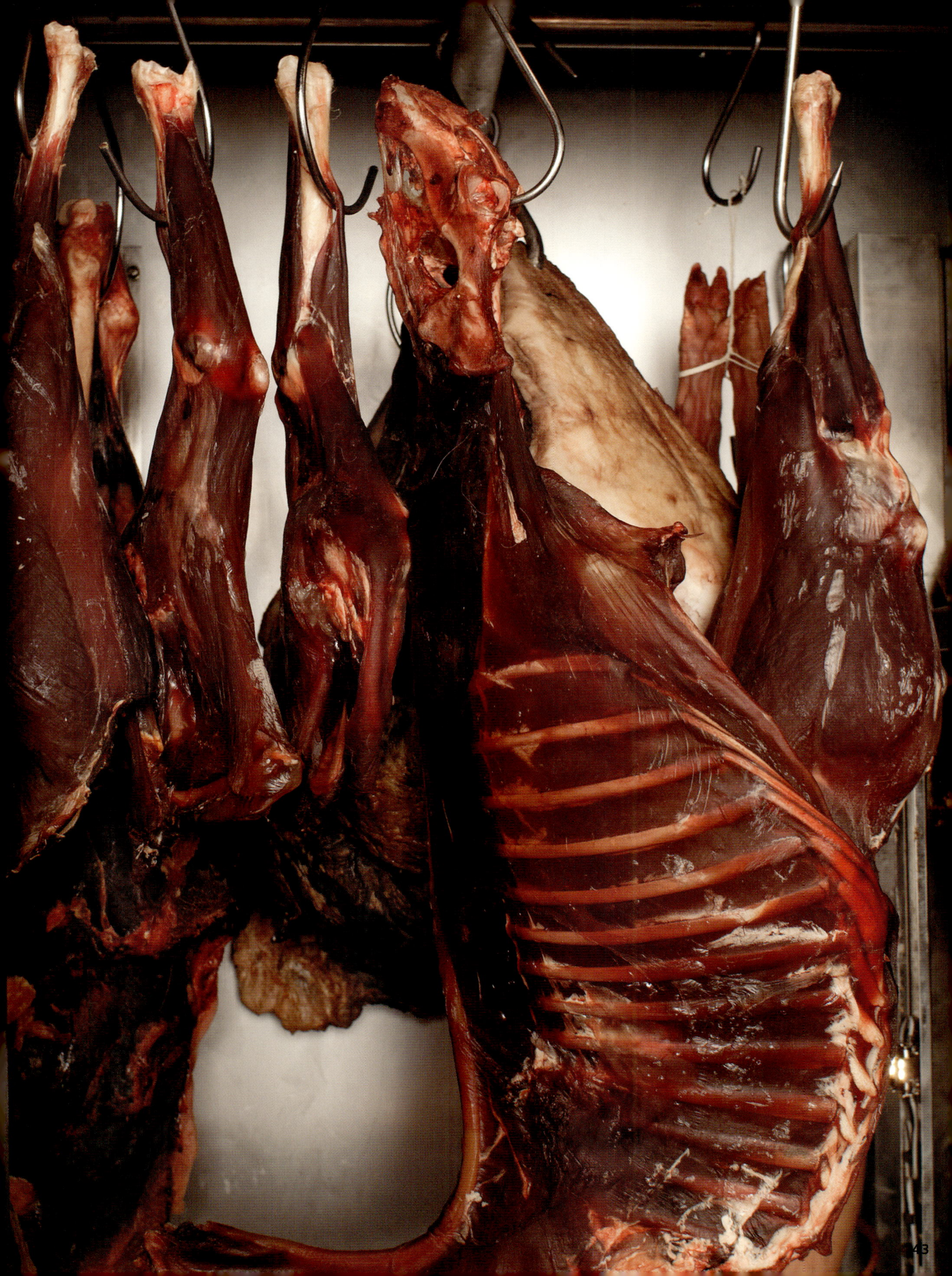

本州鹿
解体

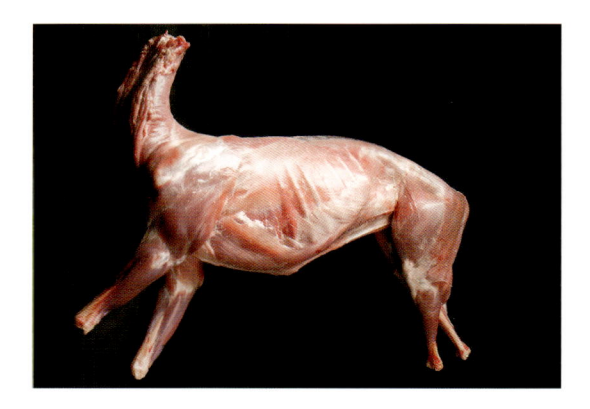

> 6ヵ月の雌ジカ。生体で20kg、内臓を抜いて皮をはぎ、頭を落とした写真の状態で10kg。食べ頃は夏季。

モモをはずす

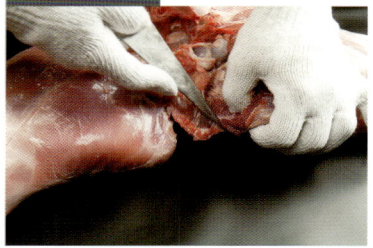

1 肉すき包丁でモモのつけ根を切る。

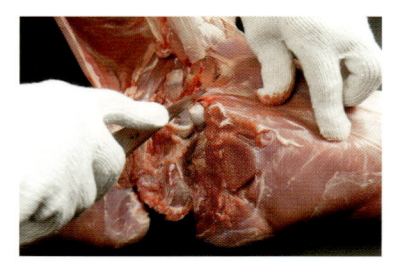

2 モモと腰のつけ根の関節を切りはずす。

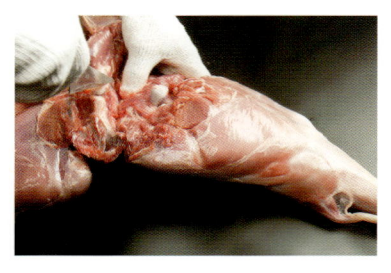

3 尻の丸みのある骨盤に沿って身をそいでモモをはずしていく。

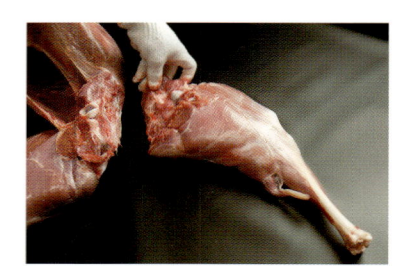

ヒレとウデをはずす

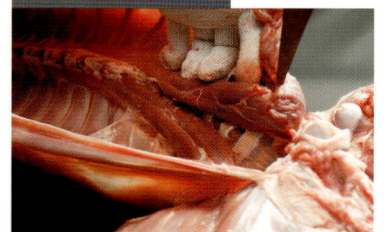

4 はずしたモモ肉。

5 はずしたモモ側の助骨の内側についているヒレをはずす。

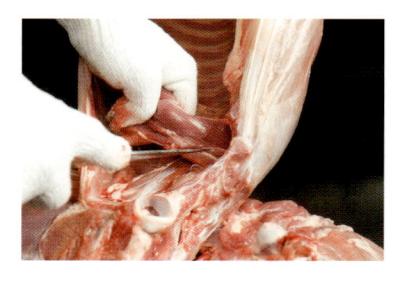

6 モモのつけ根から包丁で筋膜を切りながらはずす。

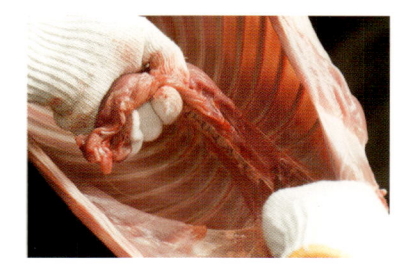

7 手で持ち上げながら、ヒレをはずす。

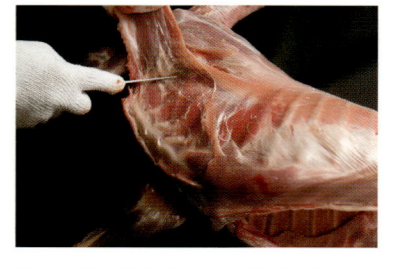

8 ウデを持ち上げて、助骨に沿って筋膜を切ってウデをはずしていく。

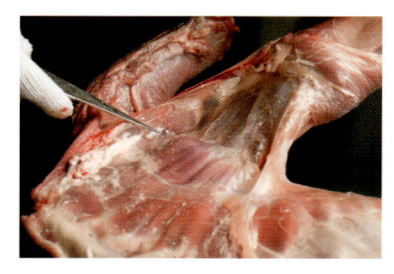

9 この状態まではずす。

10 肉を残さないようにしてウデを切りはずす。

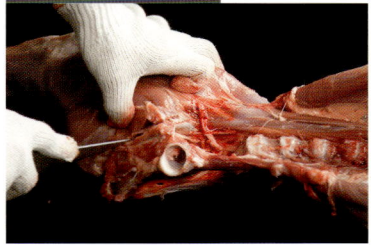

11 骨盤の丸みに沿って包丁を入れて、モモをはずしていく。

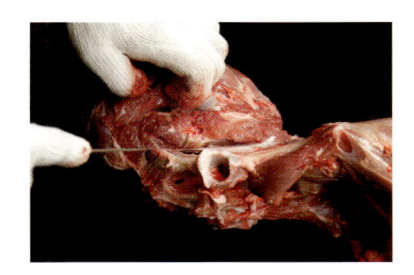

残りの半身も同様に

12 切り進めてモモをはずす。

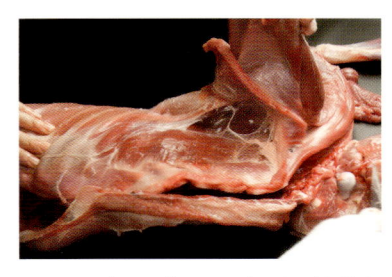

13 ウデをはずしていく。ウデを持ち上げる。

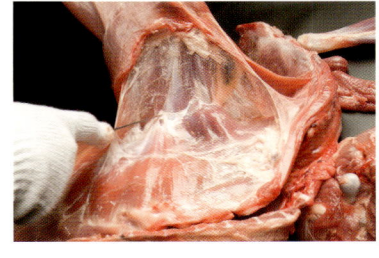

14 助骨に沿って、膜を切りはずして、ウデをはずす。

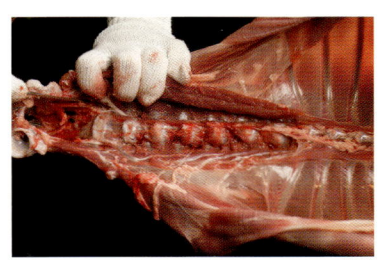

15 モモのつけ根から、ヒレをはずしていく。

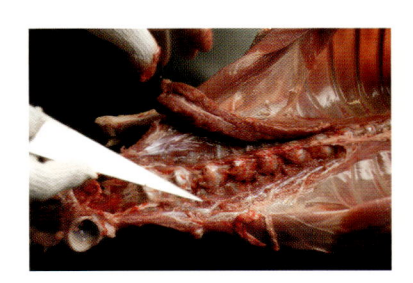

16 ヒレをはずしたところ。

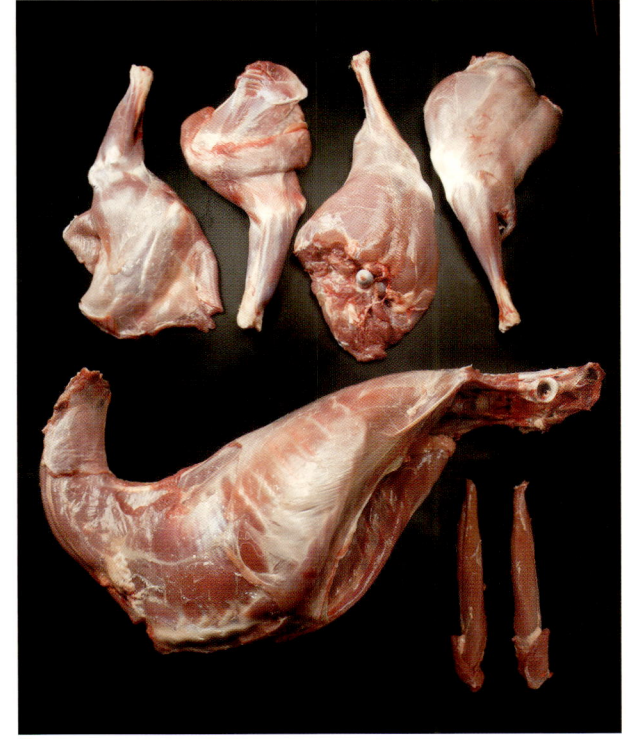

17 解体したシカ。上段左からウデ2本、モモ2本。下段左から胴体、ヒレ2本。これらを14日間ドライエイジングする。

カッティング　ドライエイジングを終えたシカの胴体から背ロースを取り出す。

1 首を左側にして背が上になるように立てて、首のすぐ下、背骨の手前側に包丁の切っ先をさす。

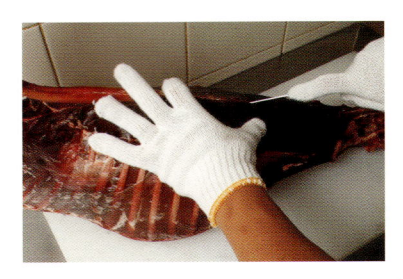

2 背骨とスジの間に包丁を入れて骨盤まで切り進める。

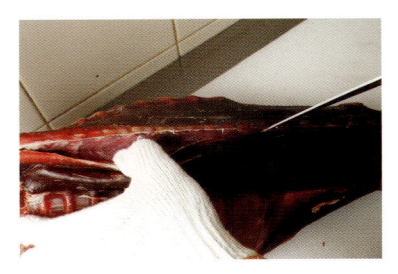

3 何度か包丁を入れて助骨に当たるまで肉を切る。骨が見えてきた。

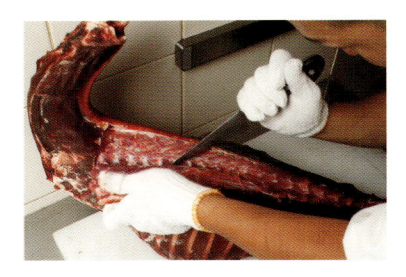

4 背骨に入り込んだ肉を包丁の切っ先でこそげながら開いて背ロースをはずしていく。

5 骨盤の手前まではずす。

6 はずした背ロース（手前）。生臭みはない。もう一方の側も同じようにはずす。1頭で2本の背ロースがとれる。

トリミング

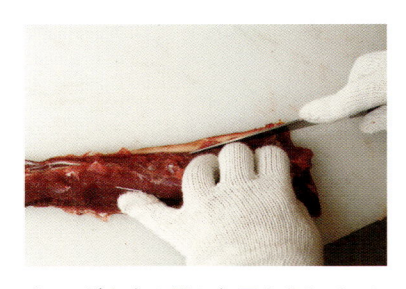

1 スジと肉の間に包丁を入れて、かたいスジをはずす。

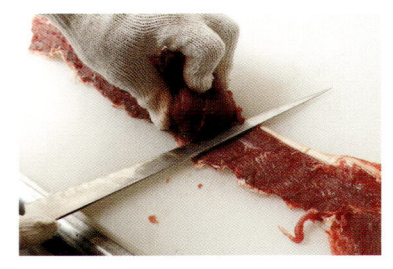

2 表面を下に向けて、乾いた部分を切りはずしていく。乾いた部分はミートチョッパーで挽いて別の料理に使う。

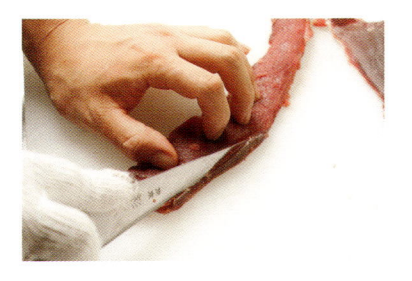

3 端を切り落として形を整える。

4 これを半分（70～80g）に切る。

焼く

すでに熟成で水分が抜けているうえ、ここで用いた本州に生息するシカは脂肪が少なく、繊維が粗く弱いので、300℃程度の強い火で焼くと、肉にストレスがかかってやけど状態になってしまう。焼き始めは弱火で。

それに比べて輸入シカは、肉の繊維が密で締まっているので、強火で焼き始めても国産のようにストレスを受けないという違いがある。

グリラーと熱源
黒炭、木炭、備長炭をブレンドして使用している。

1 背ロース肉を常温に戻しておく。香りづけにピーナッツ油をぬって、塩、黒コショウをふる。

2 最初は肉にストレスを与えないよう低温で焼き始める。

3 裏返して両面を焼く。何度か返しながら両側から少しずつ均等に火を入れていく。

4 アルミホイルで支えをつくって、両側面も焼く。肉の繊維が内側からふっくら開き出してきた。

5 3割程度繊維が開いてきたら、いったん網バットに移し、上からアルミホイルをかけて焼いた時間と同じだけストーブの温かいところでやすませる。

6 最後に再び火にかけて、浮いてきた脂を落とし、香りをつける。

7 繊維を断ち切るように半分に切った断面。

鹿の背ロース
澱上ワインのソース

仔ジカを使用。柔らかい背ロースは、くせもなく食べやすい。シカのフォンを使った澱上ワインソースを添えて。

シカ背ロース肉炭火焼き

シカ背ロース肉　1本（140〜160g）
ピーナッツ油　適量
塩、コショウ　各適量
フルール・ド・セル　適量

1. シカ背ロース肉を炭火で焼いて切り分ける（→47頁）。
2. 器に澱上ワインソースを流し、背ロースを盛る。
3. つけ合せの野菜とキノコを盛り合わせる。

澱上ワインソース

澱上ワイン　1.8リットル
フォン・ド・シュヴルイユ　2リットル
粗挽き黒コショウ　3g
無塩バター（モンテ用・1cm角）　1人前30g

1. 澱上ワインを強火でツヤが出るまで煮詰める。
2. フォン・ド・シュヴルイユを加え、沸騰したらアクを取り除いて弱火にし、黒コショウで味を調え、シノワで漉す。
3. 提供時に2を150cc取り分けて温め、冷たいバター30gを加えてゆすりながら溶かし込んでツヤと濃度をつける。

フォン・ド・シュヴルイユ

仕上がり2リットル分
シカの骨　4〜5kg
玉ネギ（3cm角）　3個
ニンジン（3cm角）　2本
セロリ（3cm角）　2本
ニンニク（横半分に切る）　1株
赤ワイン　1.2リットル
水　20リットル
黒粒コショウ　10粒
ローリエ　2枚

1. シカの骨を180℃のオーブンに45分間入れて、全体がキツネ色になるまで焼く。
2. 寸胴鍋に1の骨、赤ワインを注いで強火にかけ、1/3量になるまで煮詰める。
3. 水を注ぎ、沸騰したらアクを取り除き、野菜、黒粒コショウ、ローリエを加え、弱火で8時間煮込む。
4. シノワで漉して冷まし、冷蔵庫で保管する。

つけ合せ

アワビ茸、エシャロット、紫ニンジン、ラディッシュ、ナス（フェアリーテイル）、レンコン、紫ジャガイモ（シャドークイン）　以上各適量
オリーブ油、塩　各適量

1. 野菜を適宜切り分け、オリーブ油をぬってグリラーで香ばしく焼き、塩をふる。

薬味

クレオザソース

玉ネギ（3cm角）　1個
赤・黄・緑パプリカ（3cm角）　各1個
キュウリ（3cm角）　200g
トマト（3cm角）　3個
コルニション　90g
ケイパー（小粒）　90g
パセリ（みじん切り）　50g
エストラゴン（みじん切り）　5g
粒マスタード　60g
塩、白コショウ　各適量
赤ワインヴィネガー　50cc
オリーブ油　200cc

1. すべての材料を混ぜ合わせる。

京都赤七味塩

ゲランド産グロセル　適量
赤七味　適量
日本酒　適量

1. グロセルを皿に平らに広げ、日本酒を軽くふりかける。
2. 電子レンジに1分30秒かけて水分を飛ばす。粗熱がとれるまで常温で冷ます。
3. 冷めたら赤七味を加えて混ぜる。

夏ミカンのモスタルダ

グラニュー糖　300g
水　200cc
夏ミカン（くし形切り）　600g
ミニョネット　適量

1. グラニュー糖と水を合わせて沸かす。
2. ここに皮をむいて袋をはずした夏ミカンを加える。アクをていねいに取り除く。
3. 強火で一気に濃度が出るまで煮詰める。濃度がついたら氷水で冷やす。
4. 粗熱がとれたら、ミニョネットを加えて完成。

ビュルゴー家　クロワゼ鴨胸肉の炭火焼き
モモ肉のクロメスキ添え
サルミペーストとグリオットのピュレ

5日間のウェットエイジングののち2週間ドライエイジングした鴨の炭火焼き。夏に鴨を食べさせるために、重いソースではなく、内臓をペーストにして軽く仕立てた。コンベクションオーブンの58℃低温スチームで15分間加熱して肉の繊維を開かせたのち、ショックフリーザーで冷やして準備し、提供時に炭火であぶる。

クロワゼ鴨胸肉の炭火焼き

　　クロワゼ鴨胸肉　1枚
　　フルール・ド・セル　適量

1. クロワゼ鴨を真空包装機にかける。真空パックを網バットにのせて、58℃のスチームコンベクションオーブンのスチームモードで15分間加熱する。
2. 冷ましたら鴨胸肉をパックから取り出して皮側から炭火で焼く。一緒にポワロージュンヌと焼きおにぎりを焼く。
3. クロメスキ、焼きおにぎりを盛り、ポワロージュンヌとクレソンを添える。
4. 手前に切り分けた鴨肉の断面を上に向けて盛り、フルール・ド・セルを散らす。
5. サルミペーストとグリオットのピュレを添える。

サルミペースト

　　鴨レバー（掃除したもの）　400g
　　無塩バター　50g
　　フォワグラのテリーヌ　50g
　　シカの血　50cc
　　塩　8g
　　白コショウ　2g
　　ポルト酒（ルビー）　30cc
　　コニャック　20cc
　　卵　1個
　　生クリーム　100cc

1. 材料をすべて合わせてミキサーにかけ、シノワで漉す。
2. これをテリーヌ型に流して蓋をし、蒸し器で約20分間蒸す。

グリオットのピュレ

　　グリオット　適量
　　レモン汁　適量

1. グリオットをミキサーにかけ、裏漉ししてレモン汁を混ぜ合わせる。

つけ合せ

　　ポワロージュンヌ　1本
　　クレソン　1枝

モモ肉のクロメスキ

　　A　クロワゼ鴨モモ肉（掃除したもの）　500g
　　　├ 豚背脂　50g
　　　└ フォワグラ　50g
　　B　マデラ酒　20cc
　　　├ ポルト酒（ルビー）　20cc
　　　├ 塩　8.5g
　　　├ 黒コショウ　2g
　　　└ キャトルエピス　1.5g
　　C　玉ネギ　100g
　　　├ 卵黄　1個
　　　└ オリーブ油　適量
　　薄力粉、溶き卵、パン粉、サラダ油　各適量

黒米の焼きおにぎり

　　米　600cc
　　黒米　200cc
　　フォン・ド・ヴォライユ　960cc
　　塩、白コショウ　各適量

1. クロメスキをつくる。Cの玉ネギをオリーブ油で色づかないようにしんなり炒める。AとBを合わせてミートチョッパーにかけ、玉ネギと卵黄を混ぜて四角く整形する。
2. 整形した1に薄力粉をまぶし、溶き卵にくぐらせてパン粉をつけ、200℃のサラダ油でカリッと揚げる。
3. 黒米の焼きおにぎりをつくる。米をとぎ、黒米を合わせて、フォン・ド・ヴォライユ、塩、白コショウを加えて炊く。ラップフィルムで棒状に巻いて整形しておく。

熟成40日 伊豆天城産
黒豚ロースの岩塩包み焼き

40日間ドライエイジングした黒豚。500gの塊を炭火であぶったのち、200℃のオーブンで30分間加熱。これをブドウの葉で包み、周りを卵白で練った岩塩で包む。脂の香りは熟成すると減少するので、ブドウの葉で香りをおぎなった。

 黒豚ロース（塊）　500g
 塩、黒コショウ　各適量
 卵白　3個分
 シチリア産海塩　1.5kg
 ブドウの葉の塩漬け　適量

1 豚ロース肉に塩、黒コショウをふり、炭火で焼いて表面に焼き色と炭の香りをつける。とくに周りについている脂の部分は十分焼く。
2 耐熱袋に移し、氷水で急冷する。
3 ブドウの葉の塩漬けは水洗いして塩気を抜き、水気をよくきって 2 の肉を包む。
4 卵白と海塩を練り合わせ、ココットに半量敷き詰め、3 の黒豚をのせて残りをかぶせて包む。
5 200℃のオーブンで30〜40分間焼き、中心に串をさして数秒おき、唇に当てて温度を確認し、58〜60℃になったら火からおろす。
6 ココットの周囲にナイフを入れて塩がまを砕く。
7 豚肉を取り出し、葉をはずして半分に切る。塩がまの上に盛りつけて提供する。

熟成50日 北海道産黒毛和牛モモ肉の低温ロースト

値ごろ感がある北海道十勝産黒毛和牛A3内モモ肉を50日間ドライエイジングした。エイジングが適切であれば肉の赤色の発色が美しくなり、加熱しても周りが黒く変質しない。

牛モモ肉の低温ロースト

牛モモ肉（塊）　400g
塩、黒コショウ、フルール・ド・セル　各適量

1. 牛モモ肉に塩、黒コショウをふり、60℃のオーブンで1時間15分加熱する。
2. 牛肉をオーブンから取り出してグリラーに移し、炭火で香りと焼き色をつける。
3. 牛肉を切り分けて器に盛る。断面にフルール・ド・セルを散らす。煮詰めたグラス・ド・ヴィヤンドを流す。

グラス・ド・ヴィヤンド（仕上がり1リットル）

フォン・ド・ヴォー
├ 仔牛の骨　10kg
├ 玉ネギ（2cm角）　4個
├ ニンジン（2cm角）　2本
├ セロリ（2cm角）　1本
├ 水　適量
├ トマト（ざく切り）　4〜5個
├ ブーケガルニ　1束
└ グロセル　適量

塩、コショウ　各適量

1. フォン・ド・ヴォーをつくる。仔牛の骨を寸胴鍋（内径39cm、深さ39cm）に入る大きさに切る。
2. 天板に骨と玉ネギ、ニンジン、セロリを並べ、210℃のオーブンで全体が色づくまで焼く。
3. 骨と野菜を寸胴に移す。天板に水を注ぎ、天板についた旨みを溶かし、鍋に加える。
4. トマト、ブーケガルニ、グロセルを鍋に入れてひたひたの水を注いで強火にかける。
5. 沸騰したアクを取り除き、弱火にして軽く沸いた状態を保って6時間以上（5リットルになるまで）煮込む。シノワで漉してフォン・ド・ヴォーの完成。
6. フォン・ド・ヴォーを鍋に移し、弱火にかける。アクを取り除きながら1リットルになるまで煮詰めてグラス・ド・ヴィヤンドとする。
7. 6を取り分け、さらに煮詰めて、塩、コショウで味を調える。

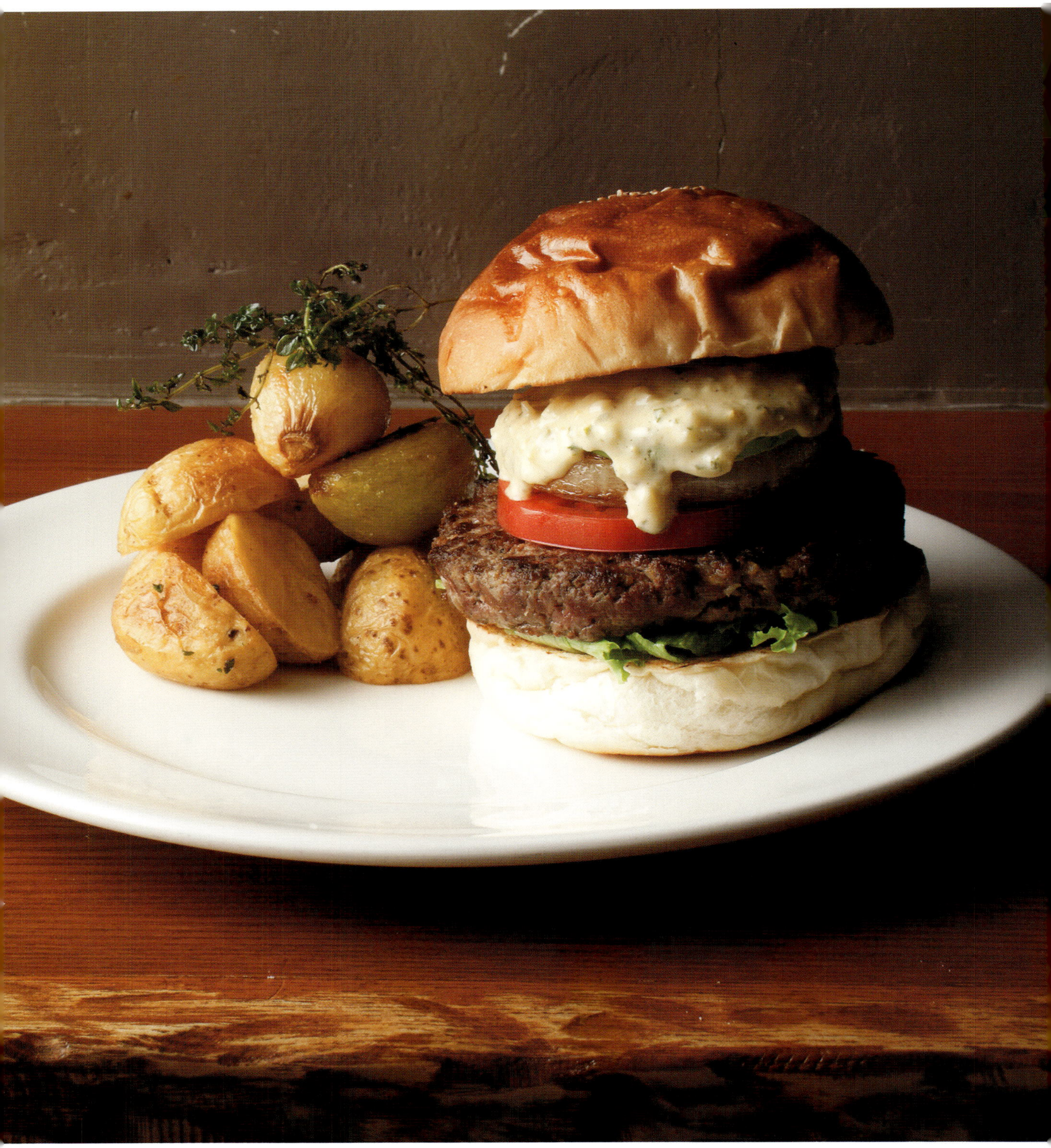

千葉県産夏鹿のタルタルアボカドバーガー
レモンタイム風味のポムフリット

14日間ドライエイジングした夏ジカのウデ肉のパティ200gをはさんだハンバーガー。その時々でイノシシや豚、牛肉を使うこともある。分厚いパティと一口ではほおばれないほどの高さが圧巻。

ハンバーガー

パティ（1人前）
- シカウデ（前脚）肉　200g
- エシャロット（みじん切り）　20g
- 塩、黒コショウ　各適量
- リーペリンソース　5g
- タバスコ　8滴
- アンチョビソース＊　15g

バンズ　1個
レタス　2枚
トマト（1cm厚さの輪切り）　Lサイズ1/8個
玉ネギ（1cm厚さの輪切り）　1/8個
アボカド（5mm厚さの薄切り）　1/4個
タルタルソース＊＊　適量

＊アンチョビソースは卵黄4個分、アンチョビ40g、ディジョンマスタード20g、トマトコンサントレ5g、エシャロット（みじん切り）16g、グラス・バルサミコ（バルサミコヴィネガーを煮詰めたもの）50cc、オリーブ油100cc、ケイパー60g、タバスコ10滴を混ぜ合わせたもの。

＊＊卵黄6個分、赤ワインヴィネガー65cc、ディジョンマスタード60g、塩・白コショウ各適量をミキサーボウルに入れ、ホイッパーで混ぜる。サラダ油を少しずつ加えながら攪拌してつなぎマヨネーズとする。マヨネーズにゆで玉子（ザルで裏漉し）4個、コルニション（みじん切り）適量、玉ネギ（みじん切り・水にさらす）2個、アンチョビ（みじん切り）40gを加えて混ぜ合わせる。

1 パティをつくる。シカ肉を包丁でたたいてミンチ状にする。そこに他の材料を混ぜ合わせて、手でよく練る。

2 セルクルで丸型に抜いて、フライパンで焼く。

3 バンズを半分に切り、切り口を炭火で焼く。

4 レタスは水気をよくきっておく。玉ネギはフライパンにオリーブ油を入れて両面を焼く。

5 ハンバーガーを組み立てる。バンズ→レタス→パティ→トマト→玉ネギ→アボカド→タルタルソース→バンズの順に重ねる。

6 ハンバーガーを盛り、フレンチフライとニンニクとレモンタイムを添える。

つけ合せ

フレンチフライ（1人前）
- 新ジャガイモ　Sサイズ4個
- ニンニク　3かけ
- 強力粉　適量
- レモンタイム　3枝

1 フレンチフライをつくる。新ジャガイモは皮付きのまま洗い、半分に切る。ニンニクは皮をむく。

2 160℃の油でレモンタイムを素揚げする。同じ油で強力粉をまぶした新ジャガイモを揚げる。途中でニンニクを入れ、中まで火が通ったら油をきる。

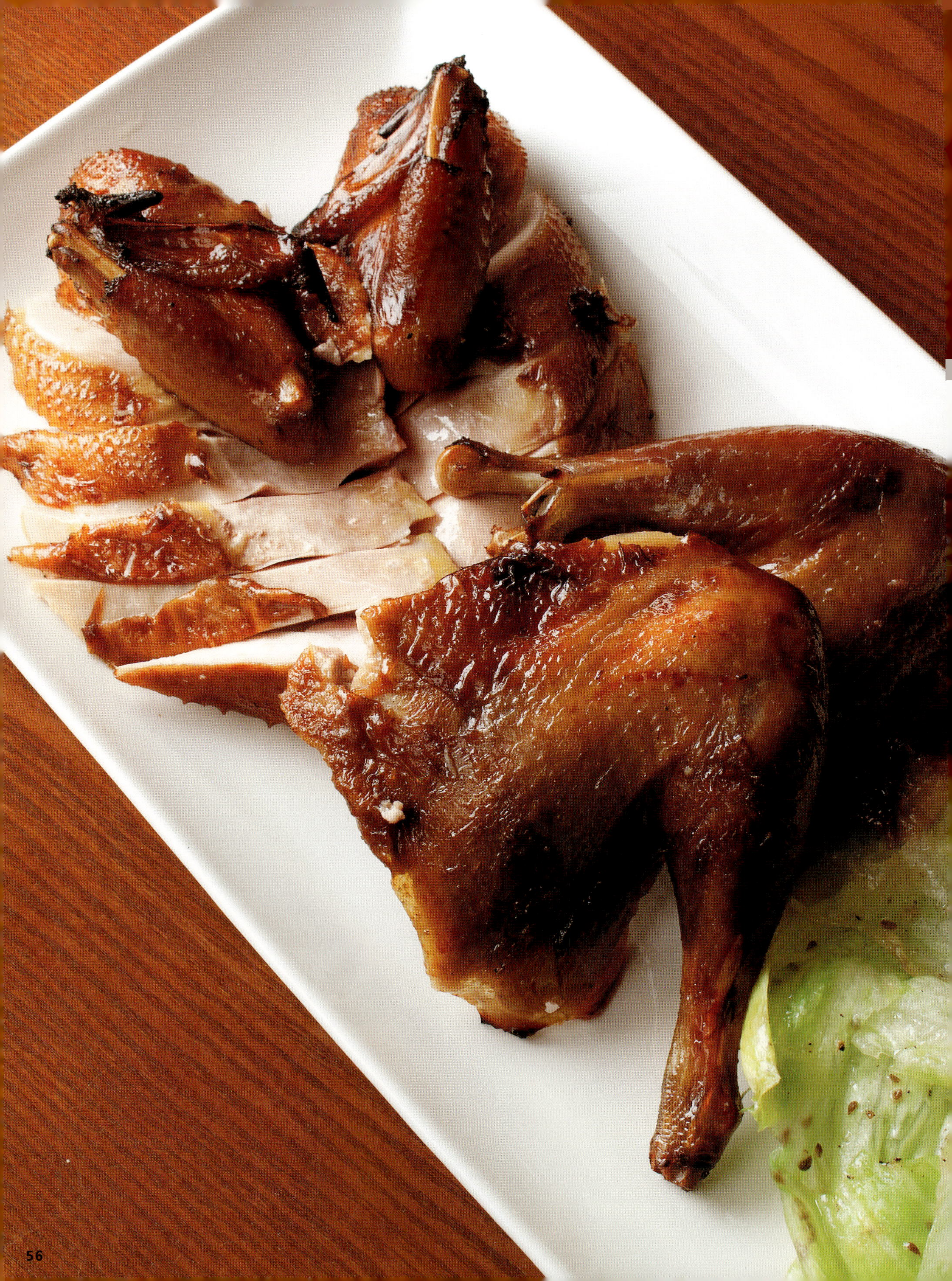

愛媛産熟成雉のロースト 北京ダック風

コウライキジを真空パックしてチルドで輸送。屠鳥後2〜3日で店に到着。店内で30日間ドライエイジングさせたもの。1kg指定で仕入れている。

雉のロースト

コウライキジ　1羽（1kg）
水飴　適量
白ワインヴィネガー　適量
ピーナッツ油　適量

マリナード
- ポワロー（みじん切り）　100g
- ショウガ（みじん切り）　20g
- ニンニク（みじん切り）　10g
- セロリ（みじん切り）　15g
- 玉ネギ（みじん切り）　50g
- フェンネルシード（ホール）　5g
- コリアンダー（ホール）　10g
- カイエンヌペッパー　3g
- 白ワイン　20cc
- 白ワインヴィネガー　10cc
- ガムシロップ　40cc
- ハチミツ　50cc
- 水　100cc
- グラニュー糖　30g
- 塩　15g

つけ合せ

レタス　適量
グリーンアニス（ホール）　適量
ピーナッツ油　適量
塩、コショウ　各適量

1 ボウルにちぎったレタス、グリーンアニス、塩、コショウを入れる。
2 ここに鍋で温めたピーナッツ油を加えて混ぜ合わせる。

1 キジの内臓を抜いて水洗いする。
2 マリナードの材料をすべて合わせて一煮立ちさせて冷ます。
3 **1**のキジを**2**のマリナードに2日間つける。
4 キジを水洗いして水気をふき取り、網バットにのせて85℃のスチームコンベクションオーブンのスチームモードに10分間入れて取り出す。
5 水飴と白ワインヴィネガーを混ぜ合わせて、**4**のキジの皮にぬって風を当てて乾かす。この作業を3回くり返す。
6 200℃のオーブンでキジを20分間加熱する。時折取り出してピーナッツ油をかけながら焼き上げる。
7 ムネ肉とモモ肉に分けて、ムネ肉を食べやすく切り分ける。レタスを添える。

アッシュ・パルマンティエ

数種の熟成肉の端肉や、乾燥した表面の肉をミンチにしてつくるアミューズ。アミューズらしからぬボリュームが人気の一品。

熟成肉のラグー
- 熟成肉の端肉（牛、豚、イノシシ、シカ）　2kg
- 玉ネギ（みじん切り）　3個
- ニンジン（みじん切り）　1本
- セロリ（みじん切り）　2本
- 赤ワイン　750cc
- ホールトマト　2kg
- 塩、黒コショウ、キャトルエピス　各適量
- ローリエ　2枚
- オリーブ油　適量

ベシャメルソース
- 無塩バター　200g
- 強力粉　200g
- 牛乳　1.2リットル
- 塩、白コショウ　各適量

グリエールチーズ（削る）　適量
クルトン　7枚

1 熟成肉のラグーをつくる。集めた端肉をミートチョッパーで挽く。玉ネギ、ニンジン、セロリはオリーブ油で炒めておく。鍋にオリーブ油を入れ、ミンチをほぐしながらソテーする。ある程度ほぐれたらその他の材料をすべて入れる。沸いたら弱火にし、水分がほとんどなくなるまで煮込む。
2 ベシャメルソースをつくる。鍋にバターを入れて弱火で溶かす。溶けたら強力粉を入れて木ベラでよく炒める。粉気がなくなってきたら、少しずつ牛乳を加えてなじませる。塩、白コショウで味を調える。
3 直径8.5cmのココットの半分まで**1**のラグーを詰め、上から**2**のベシャメルソースを重ねる。グリエールチーズをふりかけ、230℃のオーブンで表面に焼き色をつける。
4 クルトンを添えて供する。

59

ガルニチュール

肉をおいしく食べるためには、たっぷりの野菜が欠かせない。肉のボリュームに負けないくらい味が濃い国産有機野菜でつくる6種のガルニチュールを紹介。
(以下の料理:写真上から反時計回り)

スイスチャードのソテー にんにく風味

　　スイスチャード＊　2束
　　ニンニク　1かけ
　　オリーブ油　適量
　　塩、白コショウ、ナツメグ（ホール）　各適量

　＊ふだん草のこと。

1　スイスチャードは食べやすい大きさに切り、ナツメグをおろしかける。
2　フライパンにオリーブ油を入れて、潰したニンニクを加えて弱火にかける。
3　香りが出たらスイスチャードを加えて炒める。塩、白コショウで味を調える。

ラタトウイユ

　　丸ナス（2cm角の乱切り）　2個
　　ズッキーニ（2cm角の乱切り）　2本
　　玉ネギ（1.5cmのくし形切り）　1個
　　パプリカ（赤、黄）（2cm角の乱切り）　各1個
　　ピーマン（2cm角の乱切り）　2個
　　ホールトマト　400g
　　塩、白コショウ　各適量
　　オリーブ油、サラダ油　各適量

1　丸ナスは塩を軽くふってアク抜きをする。水分が出てきたらふき取って、180℃のサラダ油で素揚げする。ズッキーニも同様に。
2　鍋に玉ネギを加えてオリーブ油で炒める。しんなりしてきたらパプリカ、ピーマンを加える。全体がなじんだら、丸ナス、ズッキーニ、ホールトマトを加えて煮込む。塩、白コショウで味を調えて完成。

鎌倉野菜の炭火焼き ロメスコソース

ミニパプリカ（赤、茶、黄）　各1個
バナナピーマン　1個
ササゲインゲン　1本
トランペットクルジェット　1/8本
小ナス（フェアリーテール）　1本
紫ニンジン　1本
ミニニンジン　1本
ジャガイモ（シャドークイーン）　1個
カボチャ　1/8個
オリーブ油、塩　各適量

ロメスコソース
├ クルミ（ロースト）　240g
├ アーモンド（ロースト）　200g
├ ニンニク（みじん切り）　320g
├ ケイパー　200g
├ カイエンヌペッパー（種を除く）　ホール4本
├ オリーブ油　800cc
├ トマトソース　400g
├ クルミ油　240g
├ シェリーヴィネガー　70cc
└ 塩　25g

1 ロメスコソースを仕込む。ニンニク、ケイパー、カイエンヌペッパー、オリーブ油を鍋に入れて火にかける。ニンニクがキツネ色になったら、その他の材料をすべて加える。一煮立ちしたら火からおろし、粗熱をとってミキサーにかける。
2 ジャガイモ、カボチャはアルミホイルに包んで、150℃のオーブンで蒸し焼きにする。半分に切る。
3 紫ニンジンは縦半分に切る。すべての野菜にオリーブ油をぬり、塩をふる。
4 炭火で焼いて器に盛り、ロメスコソースを別皿で添える。

生ハムとパプリカの軽い煮込み

パプリカ（赤、黄、緑）　各2個
玉ネギ（薄切り）　1個
ニンニク（みじん切り）　2かけ
タカノツメ　1本分
ピメントン（パプリカパウダー）　適量
ピマンデスプレッド　適量
塩、白コショウ　各適量
生ハム（みじん切り）　適量
オリーブ油　適量
イタリアンパセリ（みじん切り）　適量

1 鍋にニンニク、タカノツメ、オリーブ油を入れて火にかける。香りが立ったら、生ハム、玉ネギの順に入れて炒める。
2 3色のパプリカはヘタと種を取り除き、1.5cm幅に切って1に加えて、野菜の水分で煮込んでいく。
3 塩、白コショウ、ピメントン、ピマンデスプレッドで味を調える。
4 器に盛りつけ、イタリアンパセリをふる。

千葉県産ムチュリを使った"アリゴ"

ジャガイモ（メークイン）　500g
ムチュリチーズ＊　250g
生クリーム　100cc
無塩バター　50g
塩、白コショウ　各適量

＊牛乳でつくるセミハードのチーズ。

1 ジャガイモは皮付きで丸のままゆでる。串がスッと通るまでゆでたら皮をむいて裏漉しする。
2 鍋に生クリーム、バターを入れて温め、ムチュリチーズを溶かす。
3 2に1を入れて、よく混ぜ合わせ、塩、白コショウで味を調える。

自家製ベーコンと新牛蒡のブレゼ

新ゴボウ　3本
玉ネギ（みじん切り）　100g
ベーコン（みじん切り）　50g
オリーブ油　適量
フォン・ド・ヴォライユ　適量
白ワイン　適量
塩、白コショウ　各適量
イタリアンパセリ（みじん切り）　適量

1 玉ネギとベーコンを色づけないように、オリーブ油で炒める。
2 ここに適当な長さに切った新ゴボウを入れて、軽く炒める。
3 白ワインを注いで、鍋の内側にこびりついた旨みを溶かし、フォン・ド・ヴォライユを加えて柔らかくなるまで煮込む。
4 ゴボウに火が入ったら、塩、白コショウで味を調え、イタリアンパセリをふって完成。

La Boucherie du Buppa
CUISINE DE CHARBON
ラ・ブーシェリー・デュ・ブッパ

〒153-0052
東京都目黒区祐天寺 1-1-1
リベルタ祐天寺
Tel. 03-3793-9090
定休日　月曜日
営業時間　[火〜土]　18:00 〜翌 2:00（L.O. 翌 1:00）
　　　　　[日]　　　18:00 〜 24:00（L.O.23:00）

　中目黒と祐天寺の中間、けして好立地とはいえない場所であるが、ここでしか味わえない熟成肉を求めて、毎晩数多くのお客が店に足を運ぶ。牛や豚、家禽などはもちろんだが、お客の目当ては国内産のジビエだ。輸入ものを加えると年間で十数種類ものジビエがメニューに登場するという。

　入り口正面に設置された熟成庫には、熟成を待つさまざまな肉たちがずらりと並んでいる。このあとの料理への期待感が否が応でも高まるような、視覚に訴える演出である。

　まさにブッパは肉を食べるためのレストランであり、シェフの神谷英生氏が肉に向かい合う姿は並大抵のものではない。看板のジビエに至っては、契約している各地の猟師たちのもとに自らトラックを運転して出向き、店まで運搬するという力の入れようだ。

　こうして運ばれた肉はドライエイジングによって水分を抜いて旨みを凝縮させる。特別、乳酸菌などの有用菌を利用するわけではなく、温度と湿度のコントロールで熟成させる。最初は温度0℃、湿度0％の庫内で肉の表面を乾燥させ、そののち少しずつ湿度を上げて、肉が適度な水分量を保つように調節していく。クセを強く出さずに、食べやすい仕上がりを目指す。

　こうして熟成した肉は、炭火を用いて内側からふっくらとふくらませ、乾物をもどすように肉の繊維を開かせて焼き上げる。炭火ならではの燻香も欠かせない。

　なお、レストランのほかに池尻大橋に「フレンチデリカテッセンカミヤ」を 2011 年 12 月にオープン。同店では、食肉加工品や熟成肉、惣菜などの販売も行なっている。

メニュー

［前菜］
オリーブのマリネ　500円
千葉県産モッツァレラの炭火焼き　800円
パテ・ド・カンパーニュ　950円
豚の自家製生ハム　1600円～
シャルキュトリーの盛り合わせ　2000円～
岩手清流地鶏白レバーのキャラメルプリン　1000円
鹿のブータン・ノワール テリーヌ仕立て　1200円
国産馬肉のタルタルステーキ　2500円
本日の前菜盛り合わせ　2000円

［野菜料理］
生野菜スティック バーニャカウダソース　1200円
無農薬野菜とハーブのグリーンサラダ　800円
十勝産マッシュルームの酢漬け　850円

［炭火焼料理］
本州鹿　3000円
猪　3200円
愛媛産熟成雉　3000円
伊豆天城産 黒豚ロース　1800円
伊豆天城産 黒豚バラ肉　1200円
純血バスク豚"キントア"　4000円～
黒毛和牛　3000円～
ジビエ レバー・心臓　1300円

［つけ合せ］
季節野菜の炭火焼き　600円
自家製ベーコンとキャベツの煮込み　600円
ジャガイモのピューレ　600円
ドフィノワーズ　600円
にんにく風味の青菜のソテー　600円

［煮込み］
お肉屋さんのモツ煮込み　1500円

シェアスタイルのコース　6500円

店舗平面図

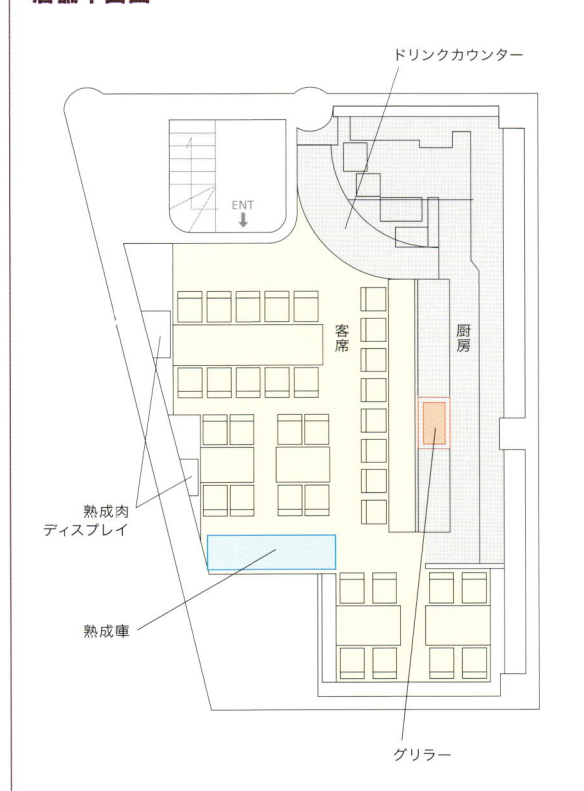

左頁下：カウンター8席、テーブル席26席、計34席の店内。壁には熟成庫を模した熟成肉やソーセージなどのディスプレイを飾って雰囲気を高めている。
左上：カウンターの内側は厨房になっている。ガラス越しに中が見える。
上：奥の客席には、シカの角でつくった照明とワインボトルが飾ってある。

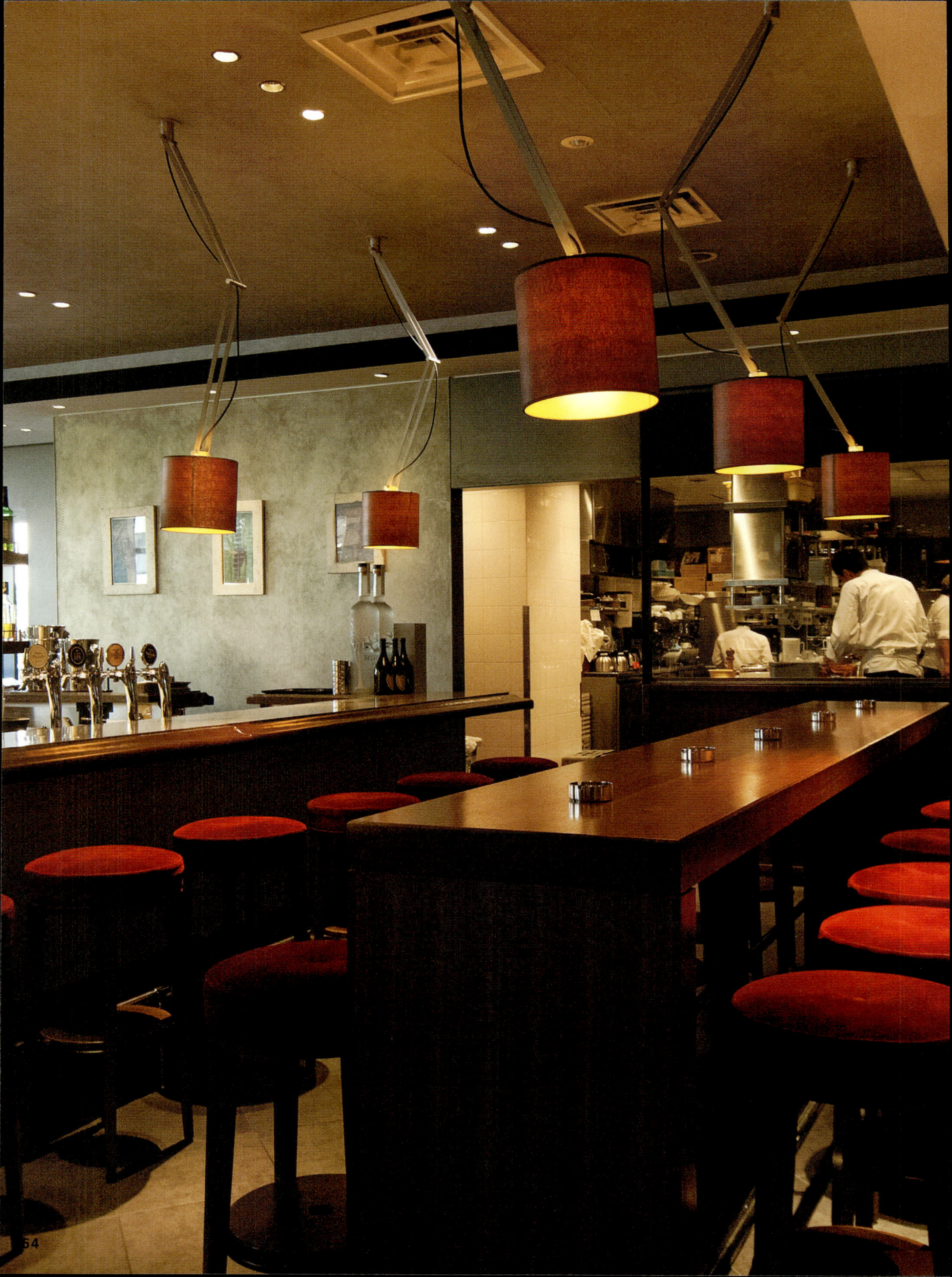

37 Steakhouse & Bar
37 ステーキハウス ＆ バー

店に入るとガラス越しに厨房で肉を焼く熱気と臨場感が伝わってくる。六本木ヒルズの「37 ステーキハウス ＆ バー」は本場ニューヨークのステーキハウスのスタンダードなメニューをそろえたレストラン。看板メニューの熟成牛の骨付きリブステーキはオーストラリア産ブラックアンガス種。この肉の持ち味を引き出す最良の熟成方法を取り入れた。

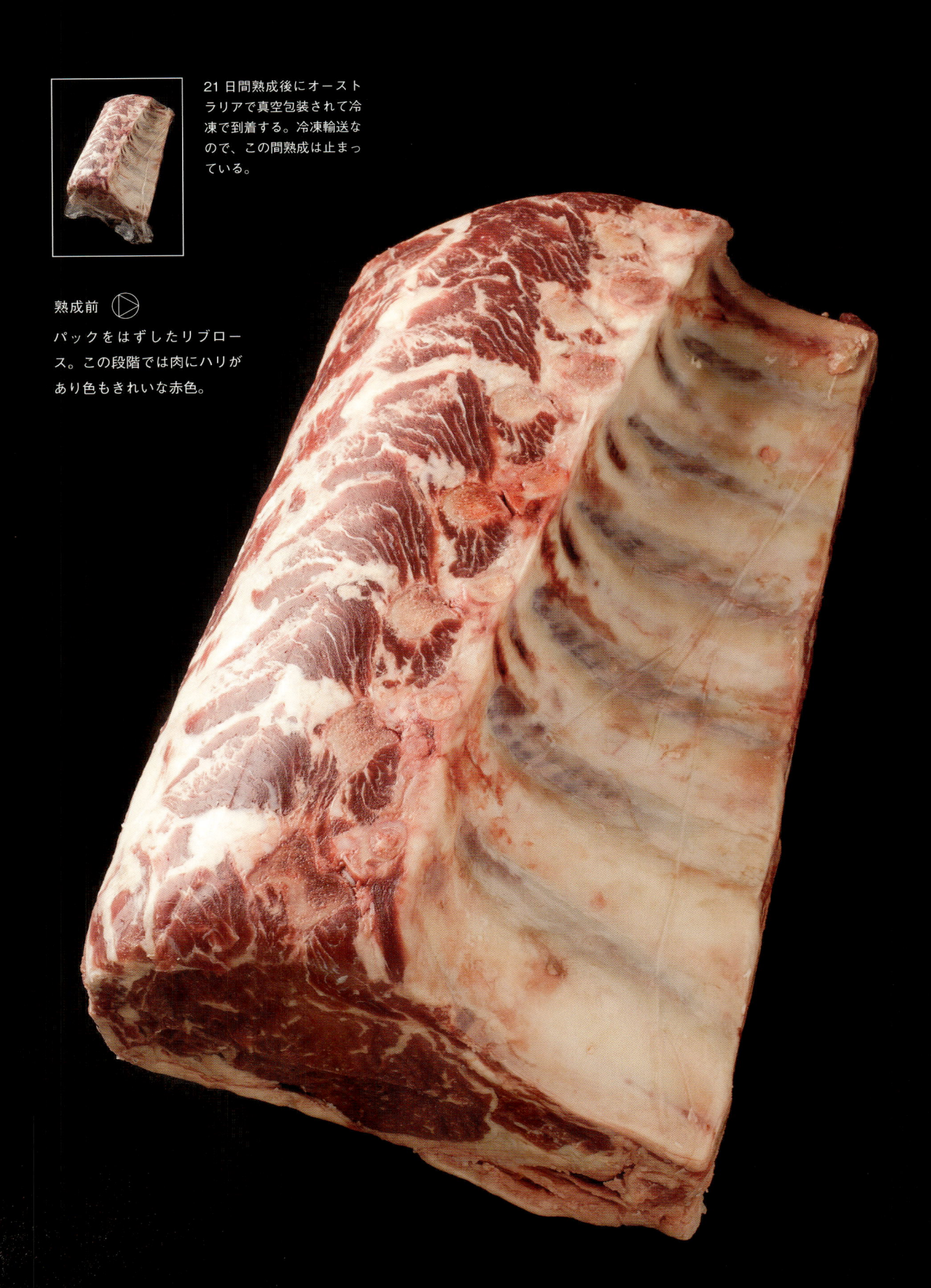

21日間熟成後にオーストラリアで真空包装されて冷凍で到着する。冷凍輸送なので、この間熟成は止まっている。

熟成前 ▷
パックをはずしたリブロース。この段階では肉にハリがあり色もきれいな赤色。

オーストラリア産 牛骨付きリブロース

使用部位／骨付きリブロース
種類と産地／ブラックアンガス種
（オーストラリア産）
飼育方法／グラスフェッドののち、
ミドルグレインフェッド（中期穀物肥育）。
150〜180日間コーンや麦で肥育。
月齢／20ヵ月以内
輸送方法／真空パックで冷凍して船便。

▷ 熟成後　店内熟成庫でさらに14日間熟成させたリブロース。断面が黒ずんできた。水分は25％程度抜けて、全体が少し縮んでくる。骨の両側もくぼんできた。

熟成について

熟成の種類と期間
屠畜後に現地オーストラリアで3週間熟成させたのち、真空パックされて冷凍し、船便で輸送される。到着後店内でさらに2週間熟成（ウェットエイジングとドライエイジングの中間の方法）。オーストラリア産の牛肉には、この熟成期間が最適と考える。2週間でだいたい25％の水分が抜ける。

熟成方法
到着後、店で解凍し、サラシを巻いて熟成庫に並べて2週間熟成させる。肉を巻くサラシは毎日交換するので、そのときに肉の熟成状態をチェックしている。日が経つにつれて流出するドリップの量は徐々に少なくなってくる。

庫内は2〜3℃、湿度70％をキープ。低温多湿を保つ。全体に熟成を促進したいときは温度を1℃上げ、熟成を遅らせたいときは1℃下げて調整している。

サラシを巻いて、水分を抜く。このサラシは毎日新しいものに交換する。

熟成の見極め
断面が黒ずんでくる。水分が抜けてくるので指で押すとかたく締まった感じ。脂身は指で押せないくらいのかたさに変化する。

衛生面
真空パックにピンホールがあいていないかどうかを厳密に検品し、もしあいていたら必ず交換する。たとえ冷凍で輸送されても、ピンホールがあると、店内での熟成中に腐敗してしまう。

料理につながる熟成状態の肉のイメージ
オーストラリア産の牛肉は、比較的水分が多い肉質なので、この水分を抜くことで味を凝縮させる。

焼き方のイメージは、周りは黒く、中は赤く。途中でやすませながら強火でしっかり焼く。

熟成庫
ワインセラーの中に熟成庫を設置している。

ホシザキ製の熟成庫。全6段。常時リブロースが1段に5個、全28〜30個をサラシに包んで棚に並べて熟成させている。

均等に熟成させるために、新しい肉を追加するたびに、順次庫内を移動させている。上段が一番熟成がすすんだ肉で、下段が新しい肉。

69

オーストラリア産牛骨付きリブロース
トリミング

トリミングを終えた肉は、基本的にはその日のうちに使いきる。
トリミング後は冷蔵庫で保存する。

[トリミングに使用する包丁]
左が骨すき包丁、右がスジ引き包丁。

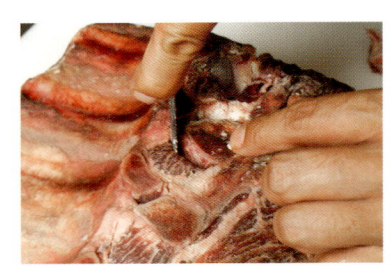

1 残った丸い骨（胸椎のつけ根）の周りに骨すき包丁の切っ先を入れる。

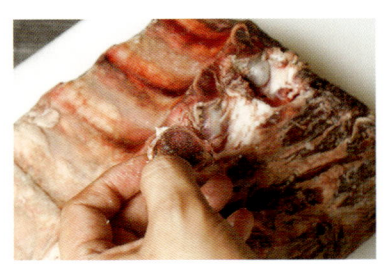

2 丸い骨をすべてはずす。この骨があると、肉を切り分けられない。

3 スジ引き包丁に持ちかえて、変色した表面をそぎ落とす。

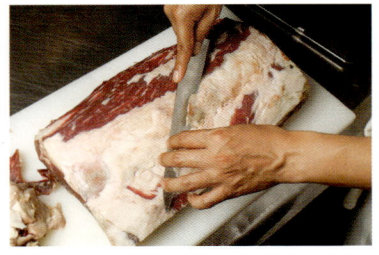

4 脂身側も同様にそぎ落とす。適度に脂を残す。

5 両方の断面を薄く切り落とす。

6 助骨の上に残っている膜と脂を骨すき包丁でそいでいく。

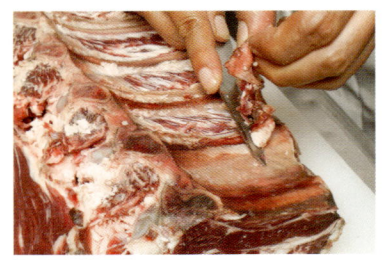

7 助骨からこそげるようにしてくまなく取り除く。

8 トリミングを終えたリブロースと取り除いた端肉。トリミングによって全体の35%程度の肉をそぎ落とす。

カッティング

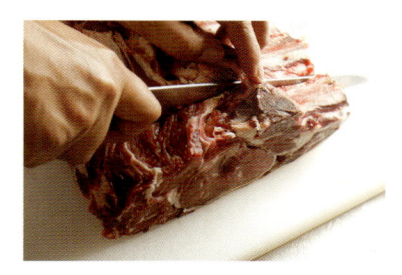

1 骨と骨の間に包丁を入れて切り分ける。

2 1枚650gに切った骨付きリブロース。分厚い肉のほうが、火入れをコントロールしやすい。

焼く

必ず常温に戻してから焼くこと。味つけはシンプルに塩、コショウのみ。味の決め手となる塩は、精製度が低く甘みを感じるような「粟国の塩」を使用している。

1 塩（粟国の塩）をふり、黒コショウを挽きかける。

2 最初は炭がおこっている強火のところにのせる。表面のみが焼けたら返す。この段階では全体の1割程度に火が入っている。

3 もう一度返して、やや火力の弱いところに移して焼く。

4 焼き台の右側（炭を置いていないところ）で15〜20分間程度やすませる。

5 おいしそうな焼き色がついてきた。

6 中心部に串をさして少しおき、串をぬいて唇に当て、中の温度を確認する。表から6割、裏から4割の割合で焼く。

7 最後は強火で表面をカリッと焼く。周りは黒く中は赤く。

8 陶器皿は360℃のオーブンに入れて熱くしておく。熱い皿にのせるので、皿の上でさらに火が入ることを考慮して肉を焼き上げる。

9 火の通り加減は写真程度。

グリラーと熱源
熱源はおが炭（山頭火備長）。1日で40kgほど使用する。グリラーの右側は炭を入れずに、焼いた肉をやすませる場所にしている。

**35日間熟成ブラックアンガスビーフ
リブステーキ骨付き**（→71頁）

店内で2週間熟成させて、味を凝縮させたオーストラリア産のブランクアンガスビーフ。ボーンレスのメニューもある。

21日間熟成オーストラリア和牛 ポーターハウスステーキ

サーロインとヒレがI字の骨の両側についているIボーンという部位は、別名ポーターハウスといわれている。シンプルな塩、コショウをふって焼くのみ。つけ合せもなしの肉のみの豪快な一皿。

牛Iボーン（オーストラリア産）　1枚1kg
塩（粟国の塩）、黒コショウ　各適量

1 Iボーンを1kgに切り分ける。
2 塩、黒コショウをふり、ミディアムレアに焼く。
3 骨を切りはずし、ロースとヒレに分けて、食べやすく切り分けて提供する。

37クラシックバーガー 180g

メニューに180gとパティの分量を明記して、ボリューム感をアピール。ランチメニューの一品。

クラシックバーガー

パティ 1個180g
├ 牛肩ロース肉（オーストラリア産） 8
├ ヘット（黒毛和牛） 2
└ 塩（粟国の塩）、黒コショウ 各適量

バンズ 1個
サニーレタス 20g
トマト（輪切り） 1枚（50g）
赤玉ネギ（薄い輪切り） 20g

1 パティを仕込む。牛肩ロース肉とヘットを8対2の割合で用意し、口径7mmのミートチョッパーにかける。
2 1個180gに丸めて、中の空気が抜けるまでしばらくやすませる。
3 塩、コショウをしてパティをグリラーでミディアムレアに焼く。
4 バンズは半分に切り、グリラーで両面を焼く。
5 1枚のバンズの上に焼いたパティをのせる。もう1枚のバンズにはサニーレタス、トマト、赤玉ネギをのせ、串で押さえる。
6 バーガーを器に盛り、37ソースを小皿に移して添え、サラダ油で揚げたフレンチフライ、ピクルスを盛り合わせる。

37ソース（1人前30g）

マヨネーズ 10
白ワインヴィネガー 1
粒マスタード 3
レフォール（すりおろし） 3
エストラゴン（みじん切り） 2
レモン汁 1
塩、黒コショウ 各適量
タバスコ 少量

1 すべての材料を上記の割合でよく混ぜる。冷蔵庫で保管する。

つけ合せ

フレンチフライ（解説省略） 130g
ピクルス 1本

76

岩手県産もち豚のグリル
アップルミントとスパイシーマスタードのマーマレード

豚肉に塩コショウで下味をつけたシンプルな炭火焼き。
スパイシーなマスタード入りのマーマレードを添えてすすめる。

もち豚のグリル

骨付き豚ロース肉　1枚300g
塩（粟国の塩）、黒コショウ　各適量
オリーブ油　適量

1. 豚ロース肉に塩、黒コショウをふる。
2. 強火の炭火で両面を焼く。肉がかたくなってしまうので火の通しすぎにはくれぐれも注意する。
3. 器にマッシュポテトと焼いた豚肉を盛る。豚肉に香りづけのオリーブ油をかける。
4. マーマレードマスタードソースを小皿に移し、みじん切りにしたアップルミント（分量外）を加えて、豚肉に添える。クレソンをあしらう。

マーマレードマスタードソース（1人前30g）

マーマレード　225g
水　150g
タスマニアマスタード　30g
コーンスターチ　5g
水　15g

1. マーマレード、水150g、タスマニアマスタードを合わせて弱火にかけて煮詰める。
2. 水15gで溶いたコーンスターチを加えてとろみをつける。火からおろして冷ます。

つけ合せ

マッシュポテト（1人前150g）
- ジャガイモ（ゆでて裏漉しする）　1.34kg
- 牛乳　600cc
- 生クリーム　200cc
- ナツメグ、ガーリックパウダー　各適量
- 塩、白コショウ　各適量
- 無塩バター　50g

クレソン　1枝

1. マッシュポテトをつくる。ジャガイモ、牛乳、生クリーム、ナツメグ、ガーリックパウダーを合わせ、バターを加えて火にかけて練り上げる。
2. 塩、白コショウで味を調える。

オーストラリア産ラムチョップの グリル エストラゴンソースで

ラムチョップもシンプルに塩、コショウのみ。ビーフよりも少し強めのミディアムに焼き上げる。

ラムチョップのグリル

　　ラムチョップ　3本 300g
　　塩（粟国の塩）、黒コショウ　各適量

1　ラムチョップを骨1本ずつに切り分ける。
2　塩、黒コショウをふって、強火の炭火で焼く。
3　何度か返しながらミディアムに焼き上げる。
4　マッシュポテトを盛り、エストラゴンソースを添える。ラムチョップを盛り、クレソンをあしらう。

エストラゴンソース(1人前30g)

　　赤ワインソース＊　300g
　　エストラゴン（みじん切り）　20g
　　グリーンペッパー　30g
　　バルサミコヴィネガー　50g
　　赤ワインヴィネガー　10g

＊赤ワイン4、牛肉のだし6の割合で合わせて火にかけて煮詰める。なお牛肉のだしは、牛肉、牛骨、玉ネギ、ニンジン、セロリ、ローリエ、黒コショウ、ガーリックパウダー、トマトホール、水でとる。

1　材料をすべて合わせて一煮立ちさせて冷ます。
2　小皿に取り分ける。

つけ合せ

　　マッシュポテト（→77頁）　150g
　　クレソン　1枝

オーシャンプラッター
メルトバター・レモン

人気の3種魚介類の盛り合わせ。

 エビ　4本
 スノークラブ（オーストラリア産・ボイル）　350g
 カキ（タスマニア産）　4個
 クールブイヨン　適量
 澄ましバター　20g
 レモン　1/2個
 セルフィユ　適量
 カクテルソース　1人前20g
  ├ チリソース　500cc
  ├ レフォール（すりおろし）　100g
  └ ブランデー、リーペリンソース　各少量

1　エビは背ワタを抜き、殻付きのまま、熱したクールブイヨンでゆでる。冷めたら殻をむく。
2　エビ、スノークラブ、カキ（殻を1枚はずす）を盛り合わせる。上にセルフィユを添える。
3　カクテルソースの材料をよく混ぜ合わせる。
4　小皿に澄ましバター、カクテルソース、半分に切ったレモンを用意し、**2**に添える。

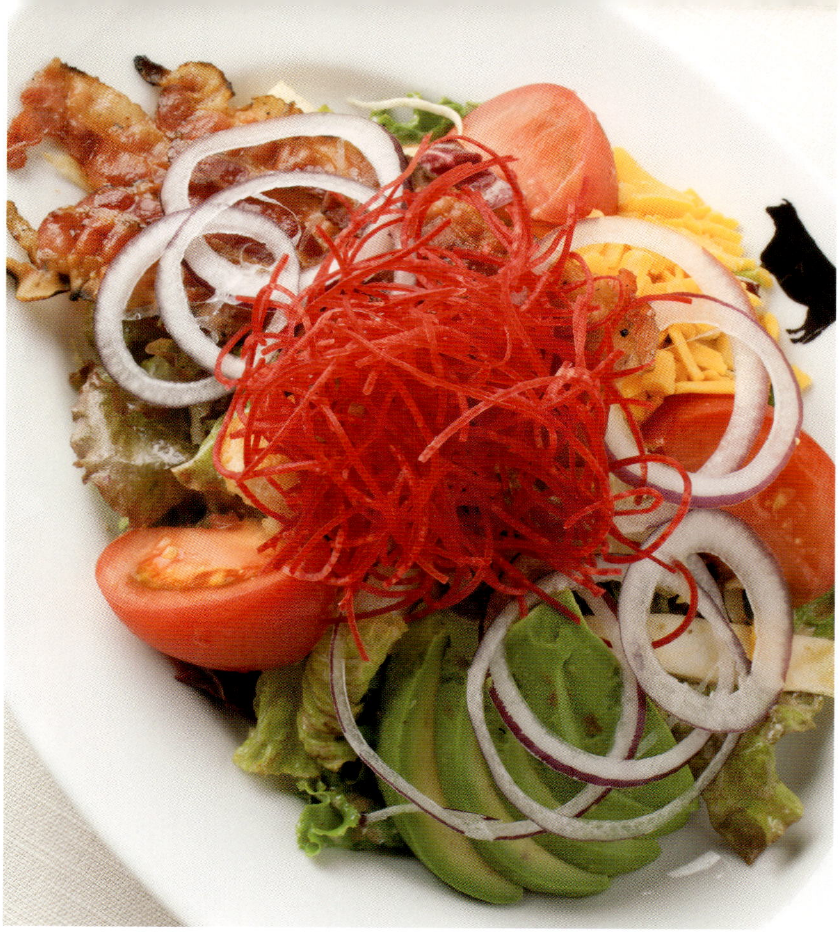

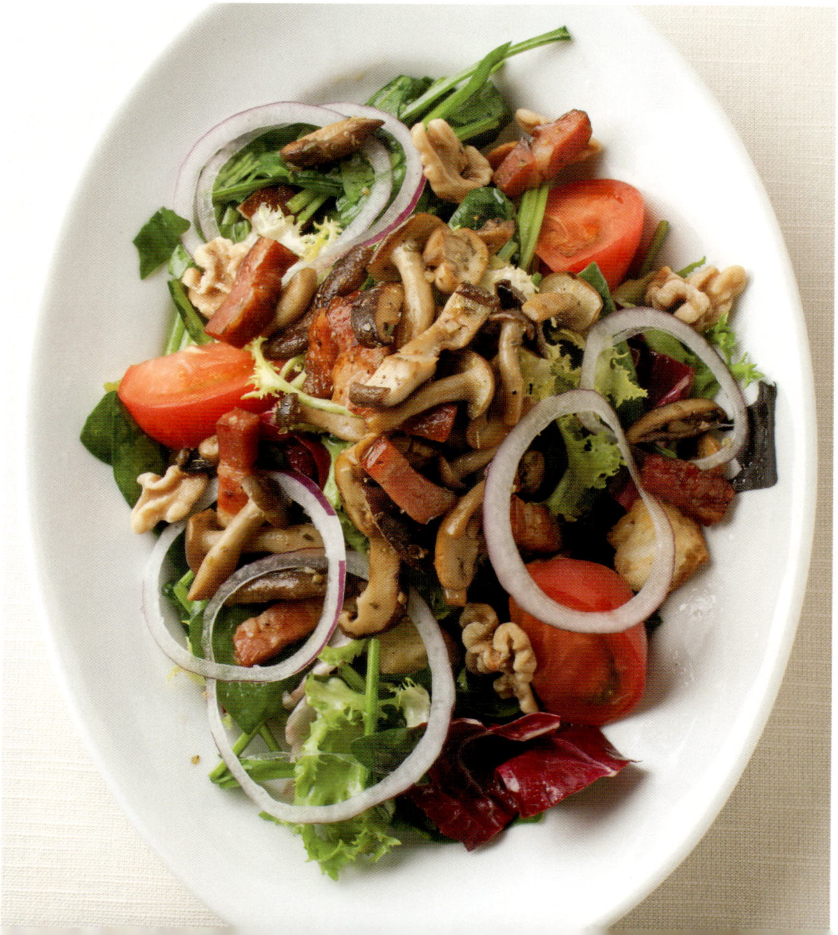

B.L.T.A.サラダ

ベーコン、レタス、トマトにアボカドを加えた人気のサラダ。独自の配合でつくったBBQドレッシングですすめる。

 葉野菜＊　計70g
 クルトン（バゲット）　10g
 トマト（くし形切り）　1/2個
 アボカド（半月切り）　1/4個
 ベーコン（グリル）　4枚
 チェダーチーズ（シュレッドタイプ）　15g
 ビーツ（せん切り）　10g
 赤玉ネギ（輪切り）　10g
 BBQドレッシング　1皿分50g
  37ヴィネグレット　3
   酢　1
   ピュアオリーブ油　2
   塩、黒コショウ　各適量
   トマトピューレ　1
   レモン汁　1
   マスタード　適量
   タバスコ　適量
  BBQシーズニングソース＊＊　1

＊トレヴィス、サニーレタス、グリーンカール、キャベツを手でちぎる。
＊＊玉ネギ、コーヒーの豆、リーペリンソース、チリパウダー、ケチャップ、トマトジュース、レーズン、セロリ、タバスコ、ガーリック、アップルヴィネガー、水を各適量を合わせて漉す。

1　BBQドレッシングをつくる。37ヴィネグレット（上記の割合で合わせてよく混ぜる）、BBQシーズニングソースを3対1の割で合わせる。
2　葉野菜、クルトンをBBQドレッシングで和え、器に盛る。
3　上にトマト、アボカド、ベーコン、チェダーチーズを盛り、赤玉ネギ、ビーツを上に盛る。

ほうれん草と温かいキノコのサラダ 赤ワインヴィネガードレッシング

ホウレン草とキノコがおいしくなる秋から冬にかけて人気の季節メニュー。肉のボリュームに合わせて野菜もたっぷり。

ホウレン草のサラダ

 サラダホウレン草　1パック
 エンダイブ　15g
 トレヴィス　15g
 赤ワインヴィネガードレッシング
  オリーブ油　630g
  赤ワインヴィネガー　280g
  塩、黒コショウ　4g
  ハチミツ　140g

1　サラダホウレン草の葉、エンダイブ、トレヴィスを食べやすくちぎる。
2　赤ワインヴィネガードレッシングの材料をすべて合わせてよく混ぜる。
3　1をドレッシングで和える。

キノコ＆ベーコン

 マッシュルーム（スライス）　300g
 シメジ茸（ほぐす）　300g
 シイタケ（スライス）　280g
 ベーコン　300g
 ニンニク（みじん切り）　20g
 赤トウガラシ　少量
 オリーブ油　適量
 塩、黒コショウ、オレガノ（ドライ）　各適量
 白ワイン　適量

 クルミ　5g
 トマト（くし形切り）　60g
 クルトン（バゲット）　10g
 赤玉ネギ（輪切り）　10g

1　オリーブ油とニンニク、種を抜いた赤トウガラシをフライパンに入れて熱する。
2　香りが出たら棒状に切ったベーコンを炒める。
3　ベーコンの油が出てきたら、マッシュルーム、シメジ茸、シイタケを入れる。キノコに火が通ったら塩、黒コショウ、オレガノ、白ワインを加え、火を強めてアルコールを飛ばし、味を調える。
4　ホウレン草のサラダを器に盛る。上にキノコ＆ベーコンを盛り、クルミを散らす。トマト、クルトン、赤玉ネギを盛り合わせる。

アスパラガスのグリル

親指よりも太いアスパラガスの炭火焼き。フレッシュな食感とアスパラの香りを生かすために、火の入れすぎに注意。

　　グリーンアスパラガス　5本
　　塩（伯方の塩）、黒コショウ　各適量
　　オリーブ油　10cc

1. グリーンアスパラガスは根元近くのかたい皮をむいて、熱湯でサッとゆでておく。
2. アスパラガスにオリーブ油をスプレーして、塩、黒コショウをふり、グリラーにのせ、炭火でアスパラガスを回しながら焼く。焼きすぎに注意。
3. 器に盛りつける。

ベイクドポテト サワークリームとベーコントッピング

ホクホクの大きなジャガイモにサワークリーム、ベーコン、チーズをのせて、とろとろに熱く焼いたサイドディッシュ。

　　ジャガイモ（メークイン・3L）　1個
　　サワークリーム　30g
　　チェダーチーズ（シュレッドタイプ）　10g
　　ベーコン　10g
　　塩、黒コショウ　各適量
　　万能ネギ（小口切り）　5g

1. スチームコンベクションオーブンを100℃のスチームモードに設定してジャガイモを皮付きのまま30〜40分間蒸して柔らかくする。
2. 縦に切り目を入れて、塩、黒コショウをふり、サワークリーム、棒状に切ったベーコン、チェダーチーズをのせて320℃のオーブンに入れて、チーズが溶けるまで焼く。
3. ココットに移し、小口切りの万能ネギを散らす。

3 オーダーが入ったら、1のホウレン草60gを澄ましバターで炒める。ここにアルフレッドソースを加えて温め、塩、黒コショウで味を調える。

マッシュルームソテー

マッシュルームを丸ごとソテーした定番のサイドディッシュ。

マッシュルーム　150g
オリーブ油　適量
無塩バター　20cc
ニンニク（みじん切り）　5g
塩、黒コショウ　各適量

1 フライパンにオリーブ油とニンニクを入れ、香りが立ったらマッシュルームを入れて炒める。
2 塩、黒コショウで味を調える。
3 バターをからめる。

クリームスピナッチ

ステーキハウス定番のメニュー。ソースにナツメグを入れてほのかな甘い香りをつける。

ホウレン草（ゆでてみじん切り）　60g
澄ましバター　10cc
アルフレッドソース　1人前100g
├ 牛乳　1リットル
├ 水　1リットル
├ 薄力粉　100g
├ 無塩バター　125g
├ ナツメグ　適量
└ グラナパダーノチーズ（すりおろし）　250g

塩、黒コショウ　各適量

1 ホウレン草は熱湯でゆでてみじん切りにする。
2 アルフレッドソースをつくる。ベシャメルソースをつくる要領でバターを鍋に入れて火にかけ、溶けたら薄力粉を加えて木ベラで炒める。薄力粉に火が入ってフツフツと沸いてきたら、牛乳と水を入れて混ぜながら沸かす。沸いてとろみがついたら、ナツメグとグラナパダーノチーズを入れて溶かす。

キッズプレート

かわいいミニハンバーガーと、グラタン、フライものセットメニュー。

ハンバーガー
- パティ（→75頁）　1個 50g
- バンズ（小）　1個

グラタン
- アルフレッドソース（→83頁）　1.5〜1.8
- マカロニ（ボイル）　1
- チェダーチーズ（シュレッドタイプ）　1人前 20g
- グラナパダーノチーズ（すりおろし）　適量
- パセリ（みじん切り）　適量

オニオンフライ*　2個（20g）
ポップコーンシュリンプ（エビフライ）*　2本（30g）
フレンチフライ*　50g
トマト（くし形切り）　1個
葉野菜サラダ**　15g
カップデザート***　1個

*解説省略
**レタスなどの葉野菜を、37ヴィネグレット（→81頁）で和えたもの。
***ベイクドチョコレートケーキを四角く切って、ホイップクリームを添える。ラズベリー、ブルーベリー、ミントを飾る。

1 ハンバーガーをつくる。パティを1個50gに丸めてしばらくやすませて空気を抜く。強火の炭火でミディアムに焼く。バンズを半分に切り、炭火で焼く。バンズでパティをはさむ。

2 グラタンをつくる。アルフレッドソースとゆでたマカロニを左記の割合で混ぜておく。これをココットに詰め、チェダーチーズをのせる。280℃のオーブンで10分間焼く。焼き上がったらグラナパダーノチーズ、パセリをふる。

3 器に葉野菜サラダ、トマトを盛る。左にカップデザート、右にグラタンをのせ、手前にハンバーガー、フレンチフライとオニオンリングとポップコーンシュリンプを盛り合わせる。

37 Steakhouse & Bar
37 ステーキハウス アンド バー

〒 106-0032
東京都港区六本木 6-15-1
六本木ヒルズ六本木けやき坂通り
2F（けやき坂テラス）
Tel. 03-5413-3737
定休日　六本木ヒルズに準ずる
営業時間
[月～金]　11:00 ～ 15:30（L.O. 14:30）
　　　　　　17:30 ～ 23:30（L.O. 22:30）
[土日祝]　11:00 ～ 16:00（L.O. 15:00）
　　　　　　17:30 ～ 23:30（L.O. 22:30）

　六本木ヒルズけやき坂テラスの 2 階にある 37 Steakhouse & Bar は、バーエリアとダイニングエリアを併せ持つ 160 席の大型ステーキハウス。37 の刻印を押した牛の姿が印象的な、大きなトレードマークが迎えてくれる。経営は株式会社スティルフーズ。ウェディングなどのパーティにも対応できる規模だ。

　店に入るとまずバーエリアとその右側にガラス張りの厨房が配置されている。1 台の大型グリラーが設置されており、肉はここで一手に焼き上げている。40kg ものおが炭を 1 日で使いきるという。肉の表面は強火でこんがり黒く焼き、火からはずしてやすませながら中は赤く仕上げるニューヨークスタイルだ。

　店内の熟成庫で熟成させたブラックアンガス牛のリブステーキ以外に、オーストラリア和牛や US プライムサーロイン、もち豚、ラムチョップなどの炭火焼きを提供。シーフードやサラダ、サイドディッシュなどもニューヨークのステーキハウスに引けをとらないラインナップだ。

　イタリア料理の修業を長年積んできた総料理長の鹿内龍也氏は、使用する素材やソース類に工夫をして、それぞれのメニューをブラッシュアップしている。ポテトをホクホク仕上げるための仕込みや、ソースやディップなどに微妙な味や香りを与えるために予想外のスパイスや材料を使う。目に見えぬ積み重ねが 37 ステーキハウス ＆ バーならではの定番の味をつくり上げている。

メニュー

ディナー

[ステーキ]
35日間熟成ブラックアンガスビーフ
　ボーンレスリブステーキ（350g）　5400円
　リブステーキ骨付き（650g）　8900円
21日間熟成オーストラリア和牛
　サーロインステーキ骨付き（700g）　15800円
　ポーターハウスステーキ（650g）　16800円〜
21日間熟成ブラックアンガスビーフ
　ボーンレス リブステーキ（350g）　4900円
　リブステーキ骨付き（650g）　7900円

[スターター]
オーシャンプラッター　メルトバター・レモン（2人分）
　5200円
糸島雷山豚の荒挽きソーセージ　ザワークラウト添え
　1700円
ジャンボシュリンプカクテル　ワサビカクテルソース
　2000円
フレッシュオイスター（3ピース）　ワサビカクテルソース
　1700円
スノークラブのクラブケーキ　タルタルソース（2ピース）
　1600円
厚切りスモークサーモン　レモンクリームとイクラ添え
　1700円

[サラダ]
ベストオブシーザーサラダ　クリーミーパルメザン
　ドレッシング　1300円
ほうれん草と温かいキノコのサラダ　赤ワインビネガー
　ドレッシング　1700円
ズワイガニと根菜のサラダ　アンチョビドレッシング
　1700円
水牛のモッツァレラチーズとフルーツトマトのサラダ
　1800円
ベーシックなグリーンサラダ　エストラゴンの香り
　バルサミコドレッシング　1200円
ベーコン、レタス、トマト、アボカドのサラダ
　バーベキュードレッシング　1600円

[サイドディッシュ]
ガーリックマッシュポテト　900円
クリームスピナッチ　1100円
ベイクドポテト　サワークリームとベーコントッピング
　900円
フレンチフライ　800円
オニオンリング　800円
アスパラガスのグリル　1200円
国産ブロッコリーのボイル　900円
マッシュルームソテー　1000円
トマトの厚切りスライス　800円
スパイシーフライドポテト　900円

店舗平面図

（図中ラベル：熟成庫、ワインセラー、カウンター、客席、バーエリア、テラス席、ENT、厨房、グリラー）

[料理長おすすめのメインディッシュ]
サーモン&ジャンボシュリンプのグリル　3200円
特製シーズニングをまぶした国産鶏のグリル
　マッシュポテト添え　2800円
岩手県産もち豚のグリル　アップルミントと
　スパイシーマスタードのマーマレード添え　3000円
オーストラリア産ラムチョップのグリル
　エストラゴンソースで（3ピース）　3300円

ランチ
今週のサラダランチ　1100円
今週のパスタランチ　1200円
今週のサンドイッチランチ　1200円
37 クラシックバーガー（フレンチフライ付き）
　1200円（100g）、1700円（180g）
37 オリジナル200g ハンバーグステーキ　1400円
ステーキ丼　1600円
200g パルマ産ホエー豚のグリルステーキ　1500円
ノルウェーサーモンのグリル　1800円
ブラックアンガス牛のリブステーキ
　2200円（120g）、3100円（200g）
ランチコース　3700円
キッズプレート　1000円

このほかにウィークエンドホリデーブランチもある。

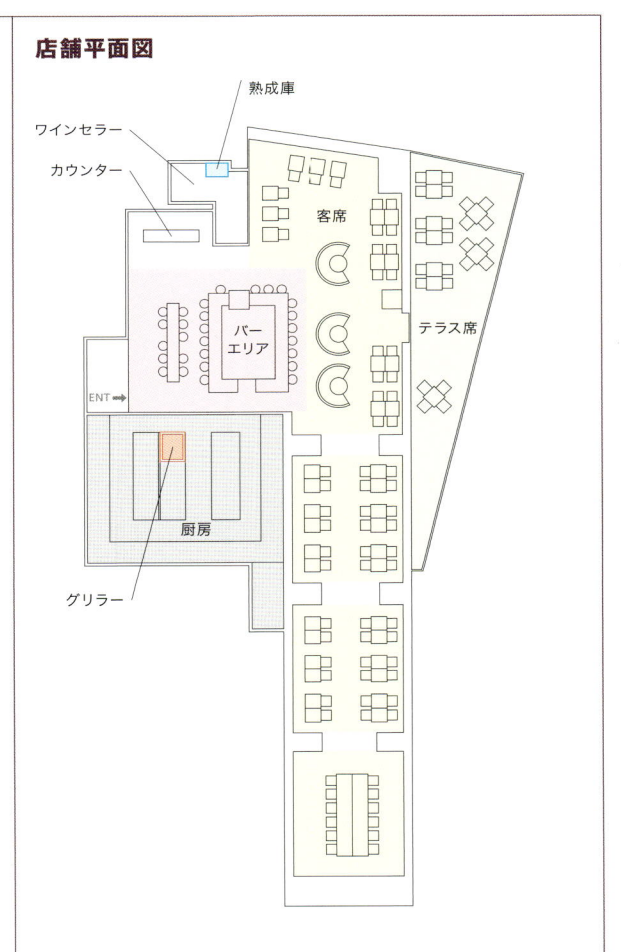

p.85左：メインダイニングの奥は個室対応ができるようパーティションで仕切れるようになっている。カラフルな牛を描いた絵が壁を飾る。
p.85右：エントランスのトレードマーク。
左頁左：イタリア料理の修業を積んできたシェフの鹿内龍也氏。
左頁右、左上：大型のグリラーで焼き上げるステーキは、外は黒く、中は赤く。
下：メインダイニングの客席。

Specialità di Carne
CHICCIANO
キッチャーノ

「キッチャーノ」は肉料理に特化したイタリアンレストラン。一番人気の熟成肉だけでなく、仔羊やブレス鶏のローストなどさまざまな肉料理が用意されている。楽しみなのは、肉の前に必ず出てくるアミューズがわりの数種の生ハム。客席中央の真っ赤なスライサーを使った、切りたての生ハムがふるまわれる。

本日の熟成日数

北海道産いけだ牛イチボ　29
佐賀県産佐賀牛とうがらし　29
千葉県産黒毛和種　骨付サーロイン　47
北海道産短毛和種Tボーン　37
アメリカ産Tボーン　49

アメリカ産牛 Tボーン
使用部位 /Tボーン（11.5kg） 等級 / チョイス 種類と産地 / ブラックアンガス種（アメリカ産） パッカー / グレーターオマハ（ネブラスカ州） 月齢 /30ヵ月以下（23〜26ヵ月主体） 飼育方法 / グラスフェッドののち、150〜200日グレインフェッド（コーン主体）で肥育。 輸送方法 / 真空パックでチルド輸送。船便。到着まで2〜3週間かかる。屠畜後の経過日数は不明。 輸入業者 / 住金物産

熟成前 ▷

ドライエイジング前のTボーン。重量は11.5kg。2〜3週間の輸送中にウェットエイジングを経た肉だが、赤身はきれいなピンク色で、脂身は白い。

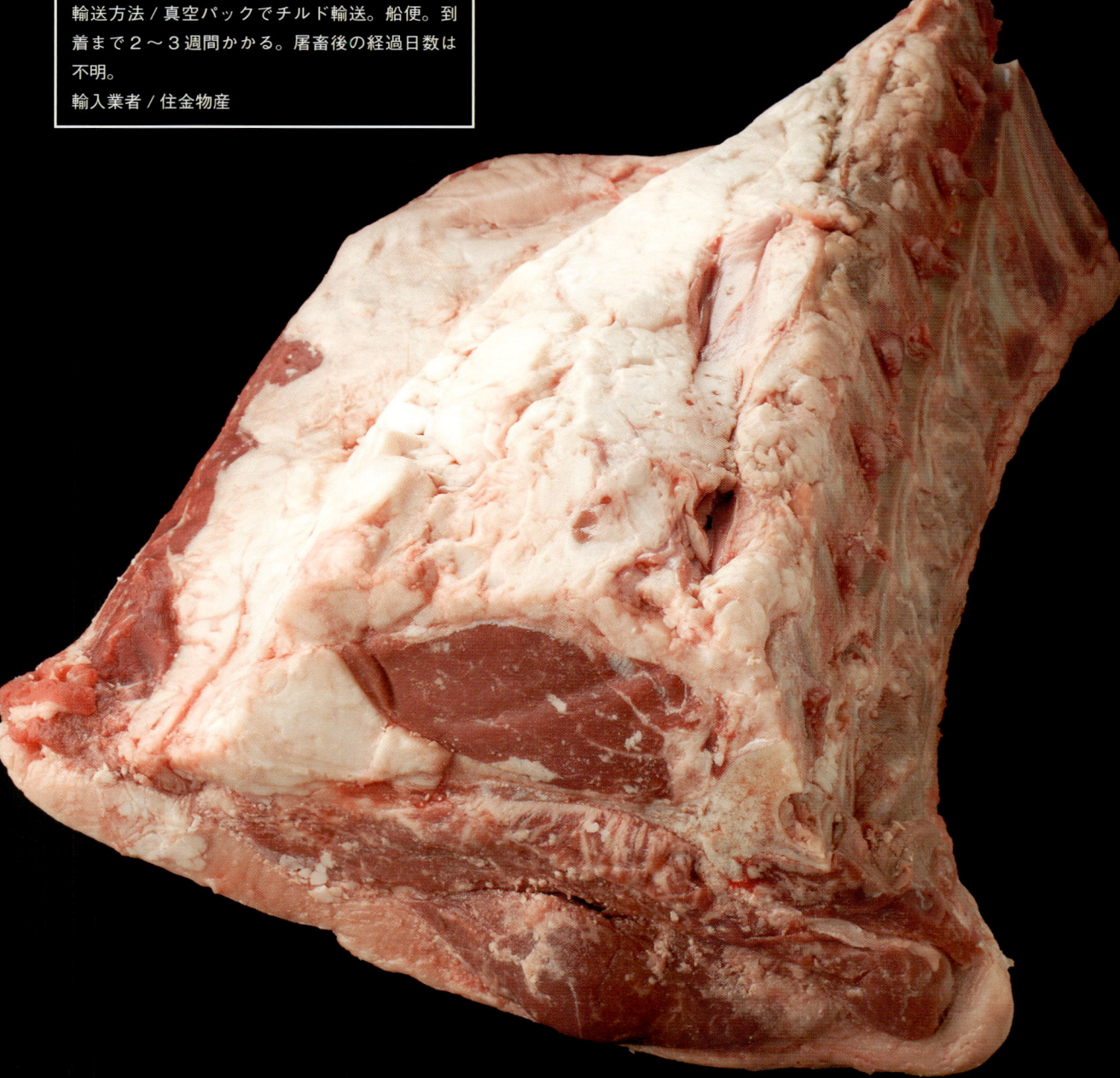

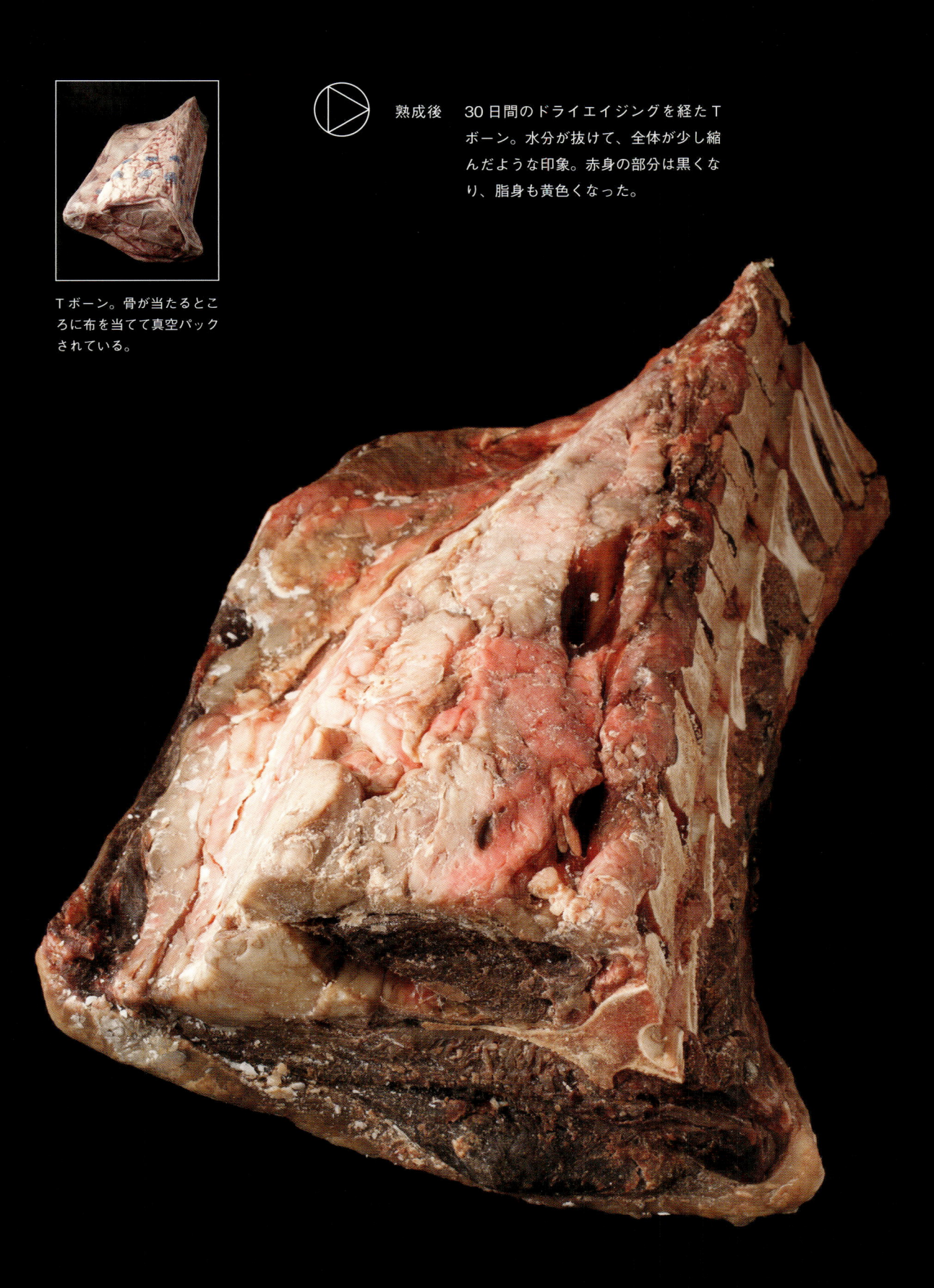

Tボーン。骨が当たるところに布を当てて真空パックされている。

▷ 熟成後　30日間のドライエイジングを経たTボーン。水分が抜けて、全体が少し縮んだような印象。赤身の部分は黒くなり、脂身も黄色くなった。

熟成前 ▷
ドライエイジング前の骨付き
サーロイン。

岩手県産黒毛和牛　骨付きサーロイン

使用部位 / 骨付きサーロイン
等級 /A3
種類と産地 / 黒毛和種（岩手県産・雌）
月齢 /28ヵ月
輸送方法 /7日間冷蔵庫にねかせたのち、紙で包んでチルド輸送。屠畜後の経過日数は7日。

紙に包まれてチルドで届く。

▷ 熟成後　30日間のドライエイジングを経た骨付きサーロイン。断面の肉は黒ずみ、脂身も黄色くなり、少し薄くなった。

熟成について

熟成の種類と期間
Tボーン／ウェットエイジング21日間＋ドライエイジング30日間

骨付きサーロイン／ドライエイジング30日間

熟成方法
庫内最下段には保湿のために木屑を敷き詰めている。肉は部位ごとに分けて熟成させるので、基本的にはバットに板を敷き（ドリップを吸収させるため）、その上に肉をのせている。その際は分厚い脂肪側を下にしておいている。数日たったら頃合をみて、肉の前後を入れ替えて、均等に熟成がすすむようにしている。

熟成期間
ドライエイジングを導入するにあたって、まず最初は20日間のドライエイジングを経て使い始め、5日おきに食べてみてベストな熟成期間の目安を決めた。最長70日間熟成まで試したが、40日以降は、香りや食味も大きな改善はなく、加えて歩留まりがかなり悪くなったので、ここまで長時間かける必要はないと判断し、30〜40日間で使い始めることにした。熟成完了後は、熟成開始から最長でも50日間くらいをめどに使い切っているが、個体によってこの目安を調整している。

今回使ったアメリカ産のTボーン以外の肉についても同様に熟成期間の目安を決める。そして使用部位や個体の違いによって熟成期間を調整している。たとえば骨付きのほうが熟成期間は長め。骨のない部位については短め。また肉の大きさによっても熟成期間を調整する。当然大きければ長く、小さければ短い。ちなみに骨付きではない比較的小さなトウガラシという部位は14〜21日間で十分である。

なお、霜降り肉については、脂が酸化することもさることながら、長時間熟成させるとサシの部分が割れてくる。この隙間から腐敗する恐れがあるので、ドライエイジングせずに使用している。

熟成の見極め
平均的な熟成期間をおいたら、肉を切ってみる。そのときに切り口のナッツのような心地よい熟成香が強くなったら食べ頃。この香りを適正な熟成の判断にしている。腐敗している場合は、特有の腐敗臭がする。

衛生面
第一番目に気をつけなければならないことは、熟成庫の温度と湿度を一定に保つということ。とくに温度は細心の注意が必要。熟成庫に温度計は備えつけられているが、これとは別に独自に温度計を入れて二重チェックしている。

ドライエイジングの場合、温度3〜5℃、湿度60〜70％の環境下では、空気に触れている部分はほとんど腐敗しない。問題は肉の内側だと思う。解体時枝肉にするときに、すでに骨と肉との間に隙間（割れ）があると、ここから腐敗につながる可能性がある。

また骨付きの部位のほうが、腐敗のリスクは少ないようだ。骨を切りはずした肉は、脱骨時に肉に傷がつき、その部分から腐敗が始まる可能性がある。この場合、骨の跡の内側から腐敗が広がる。腐敗がおきると、ナッツのような良い熟成香ではなく、いわゆる腐敗臭が強くなってくる。

真空パックで輸送されてくるものは、骨の周りに布などが当てられて、穴が開かないようにカバーされているが、それでも小さなピンホールが開いていることがよくあるので、仕入れ時に注意が必要。

また真空パックの場合は、パックされてからどれくらいの期間が経っているのかを注意しなければならない。いくら真空状態になっているからといって、すでに50日経過したもの（ウェットエイジングしたもの）を、さらにドライエイジングさせると、合計100日くらいの熟成期間をおくことになるわけなので、腐敗のリスクは高くなる。

料理につながる熟成状態の肉のイメージ
肉をレアに焼くことを前提に熟成を考える。加熱によって水分を抜くのは難しいので、ドライエイジングによって、あらかじめある程度水分を抜いて味を凝縮させている。当然ナッツのような熟成香が出るので、その香りにふさわしい調理が必要とされる。

キッチャーノでは熟成香に合う炭火焼きを選択している。個性的な熟成香に、炭火焼きの燻香が加わって相乗効果となり、心地よい風味となる。

熟成庫
温度3〜5℃、湿度60〜70％を保って、常時空気を対流させる。熟成庫はパナソニック製（旧サンヨー）を使用。

アメリカ産Tボーン
カッティングとトリミング

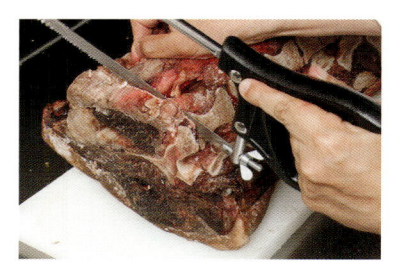

1 骨用ノコギリで断面から1cmのあたりでTボーンの骨を切る。

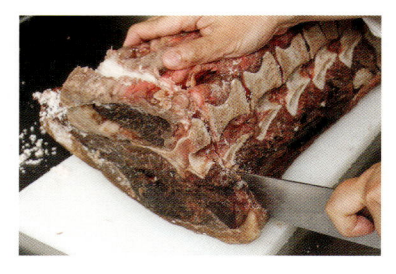

2 牛刀に持ちかえて、肉を切り落とす（不可食部分）。切り残したブロックのヒレ部分を保護するために、上についている脂を傷つけないように注意する。

3 2人前（1.5kg程度）に切る。関節の間にノコギリを入れてこの位置まで骨を断ち切ったら、牛刀に変えて肉を切り分ける。

4 切り分けたTボーン。ここから変色した肉の表面、脂、スジなどを取り除くトリミング作業に入る。

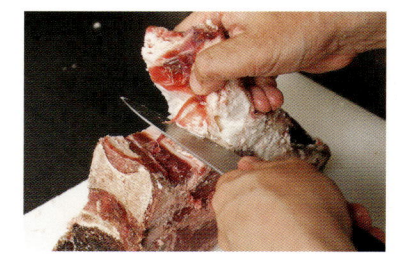

5 骨側を上に向け、骨ぎりぎりのところからナイフを入れて、内側の脂を切りはずす。

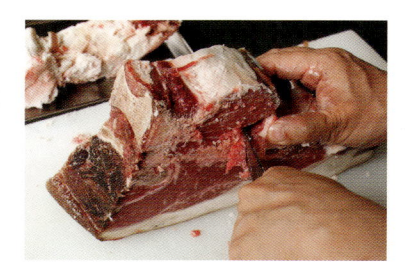

6 ヒレの下に入り込んでいる脂も切りはずす。

7 骨の下側の乾燥して変色した肉の表面をここまでそいだら、肉の天地を逆にする。

8 7につなげて、かたいスジと脂をそぐ。

9 脂は5mmほど残して、そぎ落とす。

10 トリミングをしたTボーン（写真左）と、切り落とした部分（写真右）。トリミングしたTボーンは928g。

焼く

グリラーと熱源
和歌山県紀州備長炭の馬目樫を使用。長時間使用が可能であり、炎が立ちにくく、ハネが少ない。炭の高さを均等にし、空気がいきわたるように炭と炭の隙間をあけて組み、高温を保つ。

味つけ
塩と黒コショウのみ。Tボーンの両面に塩と黒コショウを多めにふる。塩はまず細かい塩をふって肉に塩味を浸透させ、さらに上からきめの粗いカマルグの塩をふって焼き、外側をこがして苦みと塩つぶを感じさせる。

1 最初は強火で焼く。前半で表面を焼き固めたいので、あまり返さない。全体に濃いめの焼き色がついてきたら返す。最初の両面焼きで2～3割火を入れていくイメージ。

2 三方の側面を立てて焼く。

3 骨が付いている側面は火が入りにくいので、グリラーの位置を変えながらしっかり焼く。焼き始めから火からおろすまで30分間が目安。焼き上がったら端の温かいところで15分間やすませる。

4 客席で焼き上がった肉を見せ、厨房で食べやすく切り分ける。まず骨に沿ってナイフを入れて、ヒレをはずす。

5 骨の下にナイフを入れて骨に沿ってサーロインをはずす。ヒレとサーロインを分厚く切り分けて（1.5cm厚さ）ウッドボードに盛る。

岩手県産黒毛和牛骨付きサーロイン
カッティングとトリミング

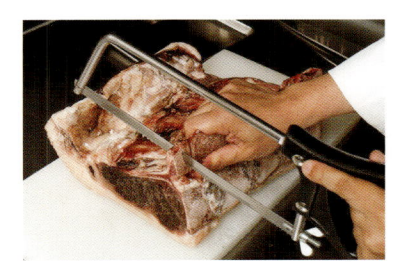

1 骨の部分は骨用ノコギリで断つ。

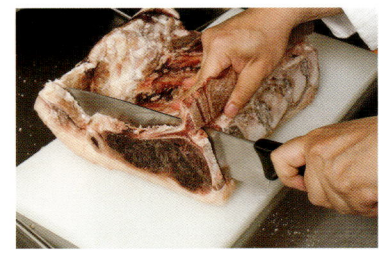

2 骨を切ったら、牛刀に持ちかえて、1cmほど切り落とす。この部分は使用しない。

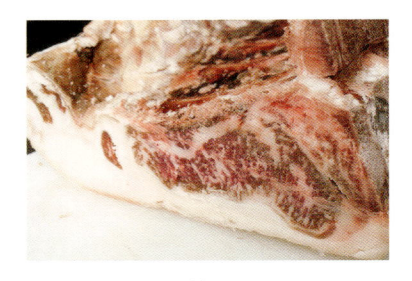

3 断ち落とした断面。

4 必要な厚さだけ切り分ける。ここでは約4cm厚さにカットする(2人前)。まず骨用ノコギリで骨を切り、牛刀で肉を切る。

5 切り分けた骨付きサーロイン。

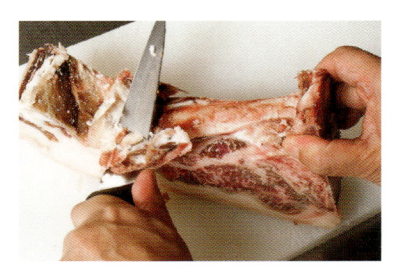

6 包丁を刃の短い肉用ナイフに持ちかえて、ナイフの刃を外に向けて骨の上の変色した部分をそぎ落とす。

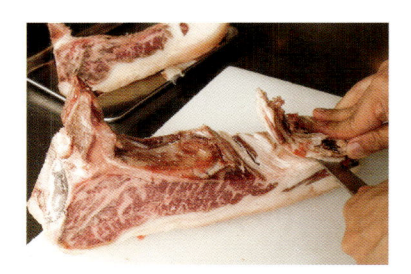

7 肉の左右を入れかえ、脂の厚い端の部分をそぎ落とす。

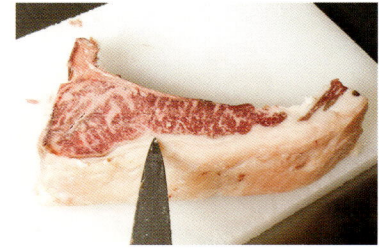

8 ナイフの先で示した部分まで肉と脂の間にかたいスジが入っているので取り除く。

9 かたいスジの上にナイフを入れて、きっかけをつくる。

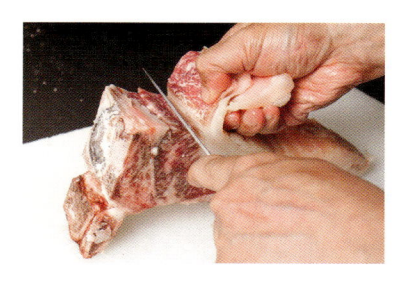

10 肉の天地を入れかえて **9** のきっかけからナイフを入れて、かたいスジを切りはずす。

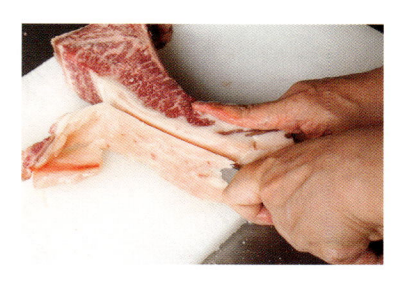

11 適量の脂を残して（5mmほど）、脂身を切り落とす。

12 トリミングをしたサーロイン（写真左）と切りはずした部分（写真右）。かなりロスが出る。

焼く

1 骨付きサーロインの両面に塩、カマルグの塩、黒コショウをふる。Tボーンよりも脂の多い部位なので塩は強めに。

2 最初は強火で両面から2〜3割火を入れる。脂が多いため炎が立ちやすいので注意。

3 側面からも火を入れる。焼き始めてから火からおろすまで約20分間。

4 グリラーの端の温かいところで10分間ほどやすませる。

5 客席で焼き上がった肉を見せ、厨房で食べやすく切り分ける。骨の下にナイフを入れて骨に沿ってサーロインをはずす。サーロインを分厚く切り分けて（1.5cm厚さ）器に盛る。

アメリカ産ブラックアンガス牛Tボーンの炭火焼き

輸入解禁となったアメリカ産牛Tボーン1kgを炭火で豪快に焼いた。
T字の骨が付いていることからこう呼ばれている。ヒレとサーロインの双方を楽しめる部位。

牛Tボーン　約1kg（トリミング済）
塩、コショウ　各適量

つけ合せ
ジャガイモのロースト
└ ジャガイモ　1個
サヤインゲンのソテー
├ サヤインゲン　10本程度
└ 無塩バター　適量

1. Tボーンを焼いて切り分ける（→97頁）。
2. ジャガイモを4等分のくし形に切り、アルミホイルで包んでグリラーの上でじっくり焼く。
3. サヤインゲンを熱湯でゆでて、水気をきってバターをからめる。
4. ボードに盛りつけ、ジャガイモのローストとサヤインゲンのソテーを添える。

岩手県産黒毛和牛骨付きサーロインの炭火焼き

ステーキでおなじみのサーロインを、骨付きで仕入れて熟成し、差別化をはかった。

牛骨付きサーロイン　800g（トリミング済）
塩、コショウ　各適量

つけ合せ
ズッキーニ（輪切り）　6枚
ヤマドリダケ　1〜2本
塩　適量

1　骨付きサーロインを焼いて切り分ける（→99頁）。
2　ズッキーニとヤマドリダケは塩をふって、グリラーで焼く。
3　サーロインとつけ合せを器に盛り合わせる。

薬味

（上から反時計回り）
ハーブオイル＊
岩塩（キプロス島産）
燻製塩（キプロス島産）＊＊
黒竹炭塩（キプロス島産）

＊オリーブ油にみじん切りのエシャロット、タイム、マージョラム、レモン汁、塩を合わせたもの。
＊＊岩塩を燻製にかけたもの。

102

黒毛和牛の低温調理 エシャロットとホースラディッシュのソース

牧草のみで飼育された香りの強い大分県産黒毛和牛のバラ肉を真空にかけて、じっくり低温で蒸し上げた。ソース・ブール・ブランとともに。コースの前菜として。

　　牛バラ肉（塊）　500g
　　塩、コショウ、ローリエ　各適量

1. 牛バラ肉は、塩、コショウをふり、ローリエとともに真空袋に入れて、真空包装機にかける。
2. 68℃のスチームコンベクションオーブンのスチームモードで6時間加熱したのち、冷却する。
3. 牛バラ肉をそのまま湯煎で温め、食べやすく切る。ソースを流し、牛肉を盛る。野菜を盛り合わせて、オリーブ油をたらす。

ソース・ブール・ブラン

　　エシャロット（みじん切り）　40g
　　無塩バター　大さじ1
　　白ワイン　100cc
　　白ワインヴィネガー　20cc
　　無塩バター（モンテ用）　40g
　　ホースラディッシュ（すりおろし）　5g
　　塩、コショウ　各適量

1. エシャロットをバターで色づかないようにしんなり炒めたら、白ワイン、白ワインヴィネガーを加えて煮詰める。
2. ミキサーにかけてなめらかなピューレ状にしたら、鍋に移し、バターを入れて濃度とツヤを出す。
3. 最後にホースラディッシュを加え、塩、コショウで味を調える。

つけ合せ

　　ニンジン、ズッキーニ、ソラ豆、アスパラガス（ソバージュ）　各適量
　　ブイヨン　適量

1. ニンジン、ズッキーニ、アスパラガスは適宜に切り、ソラ豆は皮をむく。
2. それぞれをブイヨンでゆでる。

生ハム2種

クラテッロとフェンネル風味のサラミ、フィノキオーナの盛り合わせ。その時々で種類は変わる。

　　クラテッロ（ジベッロ産）
　　フィノキオーナ（トスカーナ産）

1. それぞれハムスライサーで薄く切ってウッドボードに盛り合わせる。

生ハムとイチジク

コースの1皿目は必ず生ハムを提供する。店内中央に設置された赤いハムスライサーで切りたてを味わっていただく。

　　ピオトジーニ（パルマ産。19ヵ月熟成）
　　黒イチジク（カリフォルニア産）

1. ハムスライサーでピオトジーニを薄く切る。
2. 食べやすく広げて盛り、半分に切った黒イチジクを添える。

仔牛のツナソース

イタリアンのクラシックなメニューから。柔らかな仔牛をブイヨンでゆでて薄く切り、ツナソースをかけてすすめる。コースの前菜として。

仔牛ロース肉（フランス産・塊）
　1人前3〜4枚（20〜30g）
塩、コショウ　各少量
ブイヨン　適量

つけ合せ
サラダ＊＊　適量
オリーブ油　適量

＊＊トレヴィス、マーシュ、ラディッシュ、卵茸、アスパラガス（ゆでたもの）、ケイパー、イタリアンパセリ。

1 仔牛ロース肉はスジを引き、形を整える。
2 塩、コショウをふり、80℃に温めたブイヨンで煮る。加熱時間は、肉1kgあたり30分間が目安。
3 火を止めたらそのまま冷ます。
4 仔牛が冷めたら、ハムスライサーで2.5mm厚さにスライスし、盛りつける。ツナソースをかける。
5 サラダの野菜を盛り合わせ、オリーブ油を回しかける。

ツナソース

（8人前）
ツナ（缶詰）　30g
アンチョビ　5g
ケイパー　5g
マヨネーズ＊　70g
バルサミコヴィネガー　ティースプーン1
リーペリンソース、塩、コショウ　各少量

＊サラダ油、白ワインヴィネガー、卵黄でつくったもの。

1 ミキサーにマヨネーズ、油をきったツナ、アンチョビ、ケイパーを入れて回す。
2 濃すぎるときはブイヨンを加えて調整する。塩、コショウ、リーペリンソース、バルサミコヴィネガーを加えて味を調える。

松阪牛テールのラグーのペンネ

じっくり煮た牛テールのラグーで煮たペンネ。大きく切って煮たテールのボリューム感は肉のスペシャリスト、キッチャーノならでは。

ペンネ（乾麺） 1人前 30g
無塩バター、パルミジャーノチーズ 各適量

ラグー（10人前）
- 牛テール（松阪牛） 1本分
- ニンニク 2かけ
- 玉ネギ（角切り） 1/2個
- ニンジン（角切り） 1/2本
- セロリ（角切り） 1本
- オリーブ油 適量
- 赤ワイン 750cc（1本）
- ホールトマト（ジュース含む） 700g
- ローリエ、ブーケガルニ 適量

1. ラグーをつくる。鍋にオリーブ油をひき、ニンニク、玉ネギ、ニンジン、セロリを強火で炒める。野菜に火が入ったら、10等分に切った牛テール、赤ワイン、種を除いたホールトマト、ローリエ、ブーケガルニを入れる。
2. 沸騰したらアクをひき、蓋をして180℃のオーブンで4〜5時間煮る。
3. 牛テールとローリエ、ブーケガルニを取り出しておく。煮汁をハンドブレンダーにかけたのち、牛テールを戻す。
4. 人数分のラグーを鍋に取り分けて火にかけ、かためにゆでたペンネを入れて少し煮て、味を含ませる。最後にバターを加えて乳化させる。器に盛っておろしたパルミジャーノをふる。

大分県産黒毛和牛ラグーの
タリアテッレ

大分県産の牧草のみで飼育された黒毛和牛のバラ肉を熟成して使用した。お客の要望があればパスタは肉のあとに提供することもある。

  タリアテッレ（手打ち・冷凍）＊　1人前 40g
  ソラ豆　適量
  無塩バター、パルミジャーノチーズ　各適量
ラグー
 牛バラ肉（5cm角切り）　1kg
 塩、コショウ、オリーブ油　各適量
 玉ネギ（みじん切り）　1/3個
 ニンジン（みじん切り）　1/3本
 セロリ（みじん切り）　1/2本
 ニンニク　1かけ
 赤ワイン　300cc
 ホールトマト　1kg

＊00粉700g、セモリナ粉300g、卵黄10個、全卵5個、塩10g、オリーブ油30gをこねて真空包装機にかける。半日程度そのままおいてまとまったら、パスタマシンにかけて製麺し、40gに分けて冷凍する。

1　ラグーをつくる。牛バラ肉に塩、コショウをふり、オリーブ油をひいたフライパンで焼き色をつける。

2　別鍋で玉ネギ、ニンジン、セロリ、ニンニクをオリーブ油で水分が抜けるまでじっくり炒める。

3　1の肉、赤ワイン、ホールトマトを加えて、沸騰したらアクをひいて蓋をし、180℃のオーブンで2～3時間煮る。

4　タリアテッレを皮をむいたソラ豆とともにゆでる。人数分のラグーを取り分け、牛バラ肉をつぶしながら温める。ここにタリアテッレ、そら豆を入れて、バターを溶かし込んで乳化させる。器に盛りつけて、おろしたパルミジャーノをふる。

Specialità di Carne CHICCIANO
キッチャーノ

〒107-0052
東京都港区赤坂 3-13-13 赤坂中村ビル B1
Tel. 03-3568-1129
定休日　日曜日
営業時間
ランチ　月〜金　11:30〜14:30（L.O.14:00）
ディナー　月〜土・祝　18:00〜23:00（L.O.21:30）

肉料理をメインにしたイタリアンレストラン。客席からよく見える位置に、熟成庫が設置されている。その肉に合ったドライエイジングを施し、その時々で入れ替わる食べごろの熟成肉を手書きで黒板に書き込む。メニューを固定すると、どうしても仕入れ時に品質面で妥協しなければならないことがあるので、常時おいている牛肉は 3 種類（北海道産いけだ牛、佐賀県産佐賀牛、US アンガス牛）に限定し、その時々に入手できる良質の肉を仕入れているという。

店名に「Specialità di Carne」（肉のスペシャリスト）とうたっているだけに、ドライエイジングの牛肉をはじめ、豚肉、羊肉、店内に設置されたロティサリーマシンで焼かれるブレス鶏など、数種類の肉メニューが並ぶ。赤い手動式のハムスライサーは客席からも目立つようカウンター前に設置されているが、目の前で香り高い生ハムを切って提供するという演出も効果的だ。

いずれの肉も分厚く切って焼くので、焼き上がりまでにかなり時間がかかるため、待たせないようにコース料理のみのメニュー構成をとっている。肉が焼き上がるまでの時間、イタリアンレストランならではの名物の生ハム盛り合わせ、前菜、パスタを提供。メインの肉のあとには、デザート、コーヒーで締めくくる。

なおメニュー表の肉料理の価格は、メインの肉料理だけでなく、前菜からデザートまでの料金をすべて含み込んだ表記としている。

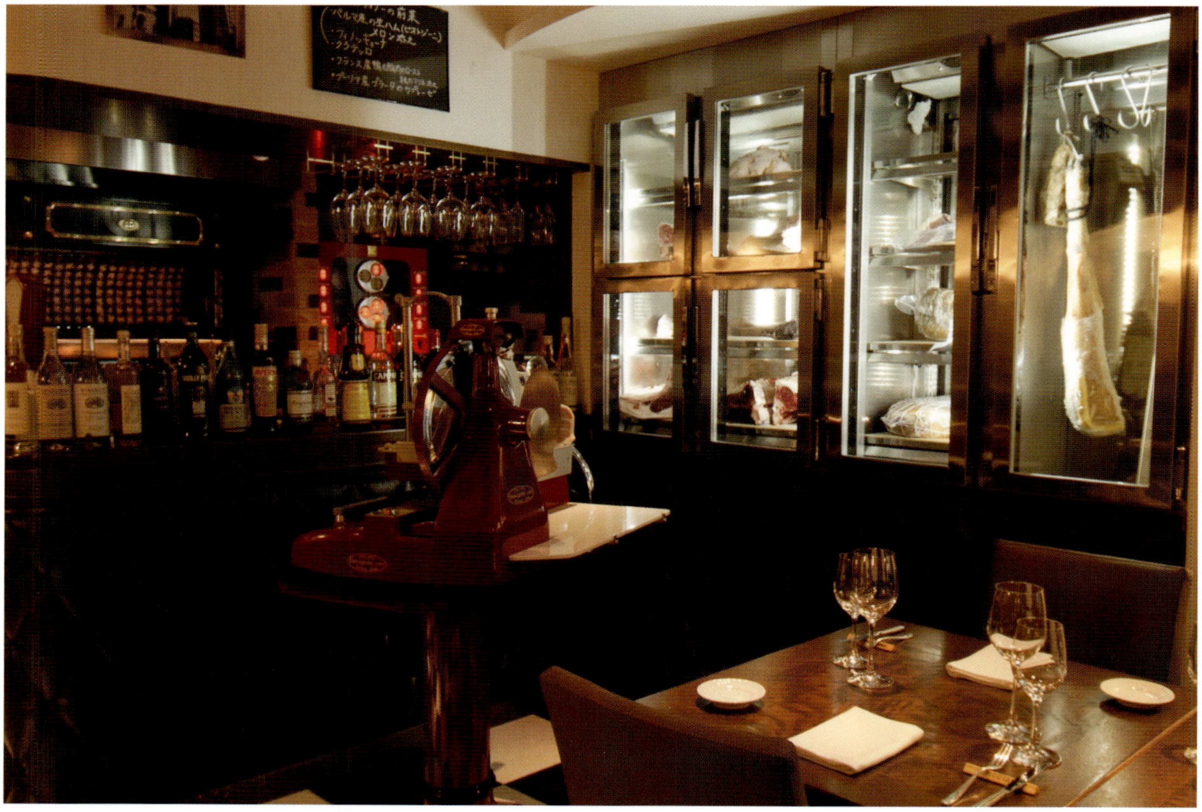

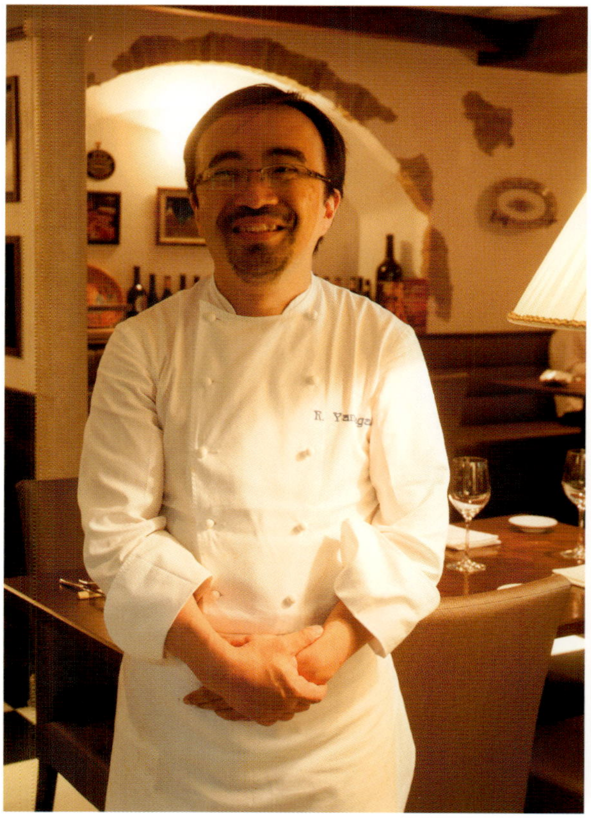

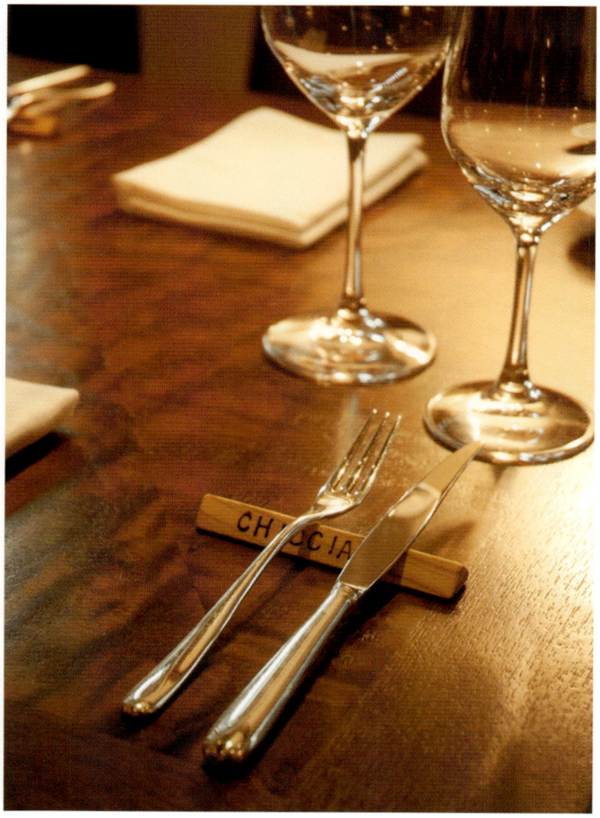

メニュー

ディナー

ニュージーランド産ブラックアンガス牛 リブアイの炭火焼
　7350円（250g）〜
北海道産いけだ牛（褐毛和種）イチボ肉の炭火焼
　7875円（120g）〜 ＊2名より
佐賀県産佐賀牛（黒毛和種）とうがらし肉の炭火焼
　9975円（150g）〜
三重県松阪牛（黒毛和種）フィレ肉の炭火焼
　13650円（140g）〜
アイスランド産仔羊の炭火焼
　7350円（3ピース）〜
フランス産ブレス鶏（プーラルド）のジラロースト
　8400円＊4名より
本日の特選グリリャータミスタ（オススメ肉3種類食べ比べ）
　9975円〜 ＊2名より
本日の特選ドライエイジングビーフ

＊別途サービス料10%

ランチ

Pranzo　Veloce　1785円〜
　＊価格は選ぶ肉の種類によって異なる。下記は一例。
青森県産アップルラム（仔羊）もも肉の炭火焼
　1785円（140g）
アメリカ産ブラックアンガス（プライム）肩ロースの炭火焼
　1890円（150g）
（数量限定）大分県産放牧黒毛和牛もも肉の炭火焼
　2520円（140g）
（数量限定）熟成いけだ牛イチボ肉の炭火焼
　3570円（140g）

店舗平面図

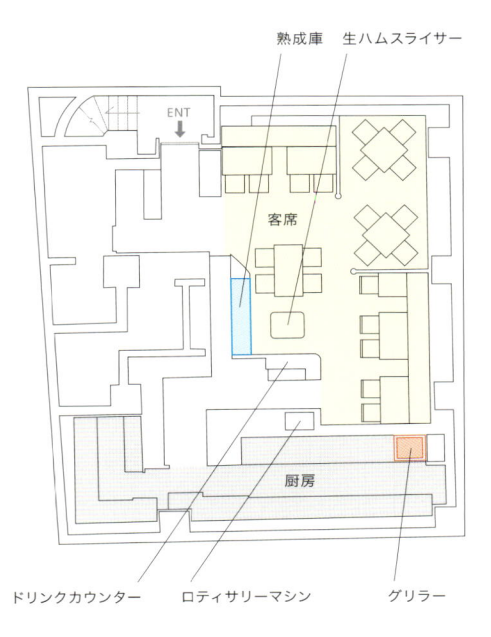

p.107：熟成を待つ牛肉たち。その時々で入手できる良質の肉を熟成する。
左頁上：客席に設置された大型の赤いハムスライサー。
左頁下左：シェフの山縣類氏。グラスフェッドの牛の飼育に関心を持ち、グラスフェッドを目指す大学や農業研究センターなどの研究機関との交流も深い。
下左：壁にはめ込まれたガラス越しに、グリラーが見える。
下右：常時3種類ほど用意している生ハム類は、アミューズがわり。

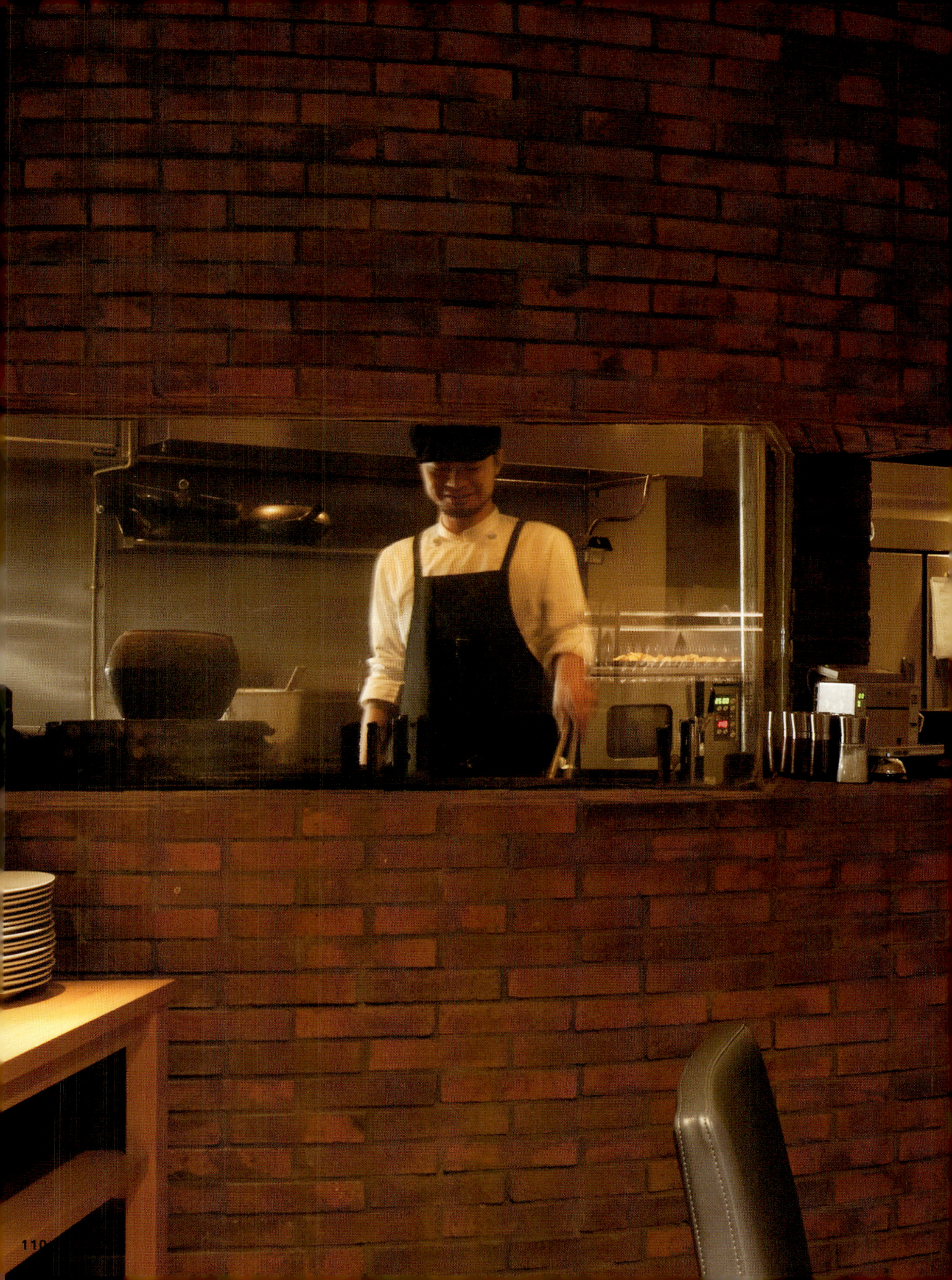

WAKANUI
GRILL DINING TOKYO
ワカヌイ

ニュージーランドの澄んだ空気のもとで育った健康的な牛肉や羊肉の炭火焼きが「ワカヌイ」の主力商品。中でもオーバルの大皿で提供される1kgの分厚い牛骨付きリブアイの圧倒的なボリュームが人気だ。ニュージーランド産牛肉の肉質に合った熟成方法と焼き方によって、この量を感じさせないほど食べやすくなる。

ニュージーランド産牛　骨付きリブアイ

使用部位 / 骨付きリブアイ（11kg）
等級 / BMS（脂肪交雑）2.0以上、BCS（肉色）4以下
種類と産地 / アンガス種（英国系肉用種・ニュージーランド産）
パッカー / CMPカンタベリー工場
輸入業者 / アンズコフーズ（株）
月齢 / 放牧18ヵ月ののち肥育100〜120日
飼育方法 / グラスフェッド（ライグラス中心）18ヵ月、グレインフェッド（小麦、大麦中心）120日前後肥育。
輸送方法 / 真空パックでチルド輸送。船便。屠畜から到着まで約3週間かかる。

熟成前 ▷

ニュージーランド産リブアイ（11kg）。入荷時のリブアイ。ニュージーランドで真空パックされ、3週間のチルド輸送の間にウェットエイジングされたもの。

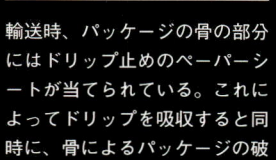

輸送時、パッケージの骨の部分にはドリップ止めのペーパーシートが当てられている。これによってドリップを吸収すると同時に、骨によるパッケージの破損を防いでいる。

▷ 熟成後　到着後店内で3週間のドライエイジングを経たリブアイ。水分が蒸発して1kg程度重量が減った。

熟成について

熟成の種類と期間
ウェットエイジング3週間（チルド輸送中）＋ドライエイジング3週間。

熟成庫
温度1℃、湿度70～90％を保って、常時扇風機で空気を対流させる。熟成庫はホシザキ製を使用。温度、湿度の管理については、タイムマシーン㈱のTMサーモスコープシステムを活用し、異常が起きた場合は自動的に通報が入る。

室内は4.3㎡。店に入ってきた来店客の目にふれる位置に熟成室を設置している。両側および正面に熟成用の棚を設置。

レストラン店内から見える位置には吊り下げチェーン3本が設置されていて、肉をフックにかけて吊るしている。営業時は吊るしてある肉にスポットライトをあてて視覚効果を高めている。

熟成方法
熟成する肉はパッケージをはずして、ドリップをきれいにふき取る。熟成開始日を明記した札を肉に刺し、熟成室の棚に並べて管理する。あるいは肉をフックにかけて吊り下げる。3週間ドライエイジングにかけると、水分が1kg程度抜けて11kgの肉が10kgほどになる。

熟成の見極め
熟成期間は、1週間目から4週間目までの肉を食べ比べて決めた。この牛には21日間（3週間）のドライエイジングが最適と考えた。適正に設定された熟成庫内で所定期間おいて肉のよさを最大限引き出す。熟成が進むと赤身が黒ずんでくる。腐敗すると異臭を放つので、注意する。

衛生面
熟成庫に入室する人員を限定し、必要最低限の時間に限って入室する。入室前には必ず手指を洗って消毒し、熟成庫用のサンダルにはきかえる。肉の棚は週に2回きれいに洗って、アルコール消毒する。内部の壁なども清潔に保つ。

肉を扱う上での注意点
専用のまな板を使用する。無駄に肉に触らずに手早く作業をする。またトリミングを終えた肉は厨房に放置せずにすぐに冷蔵庫に入れて保管する。

料理につながる熟成状態の肉のイメージ
肉そのものの質のよさを味わっていただくために、①旨みが十分出ていること、②噛み応えが適度に残っていること、③噛み応えはあるが柔らかさを感じること、この3点を大切にしている。これらのよさを引き出すためには21日間のドライエイジングがベスト。

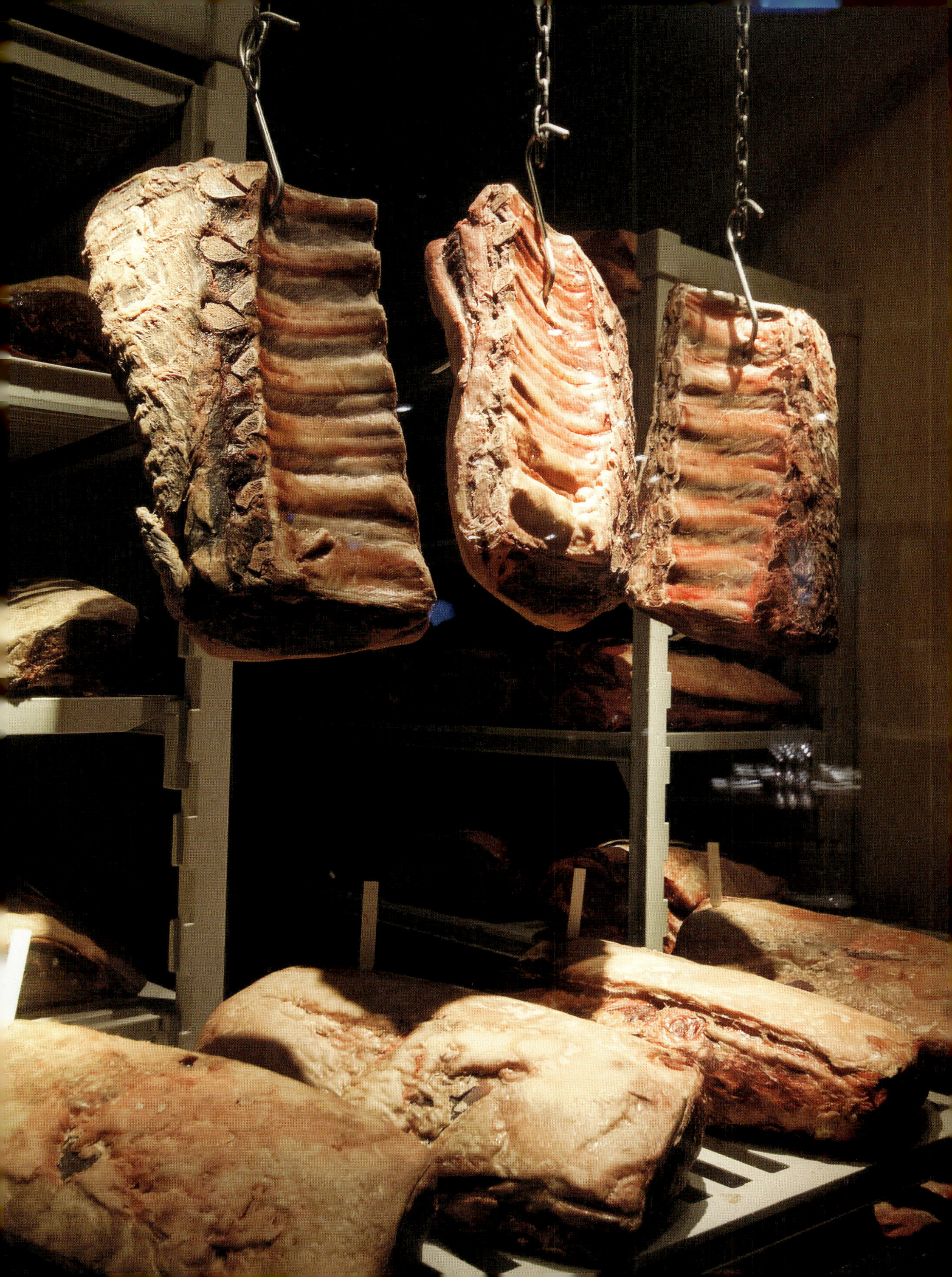

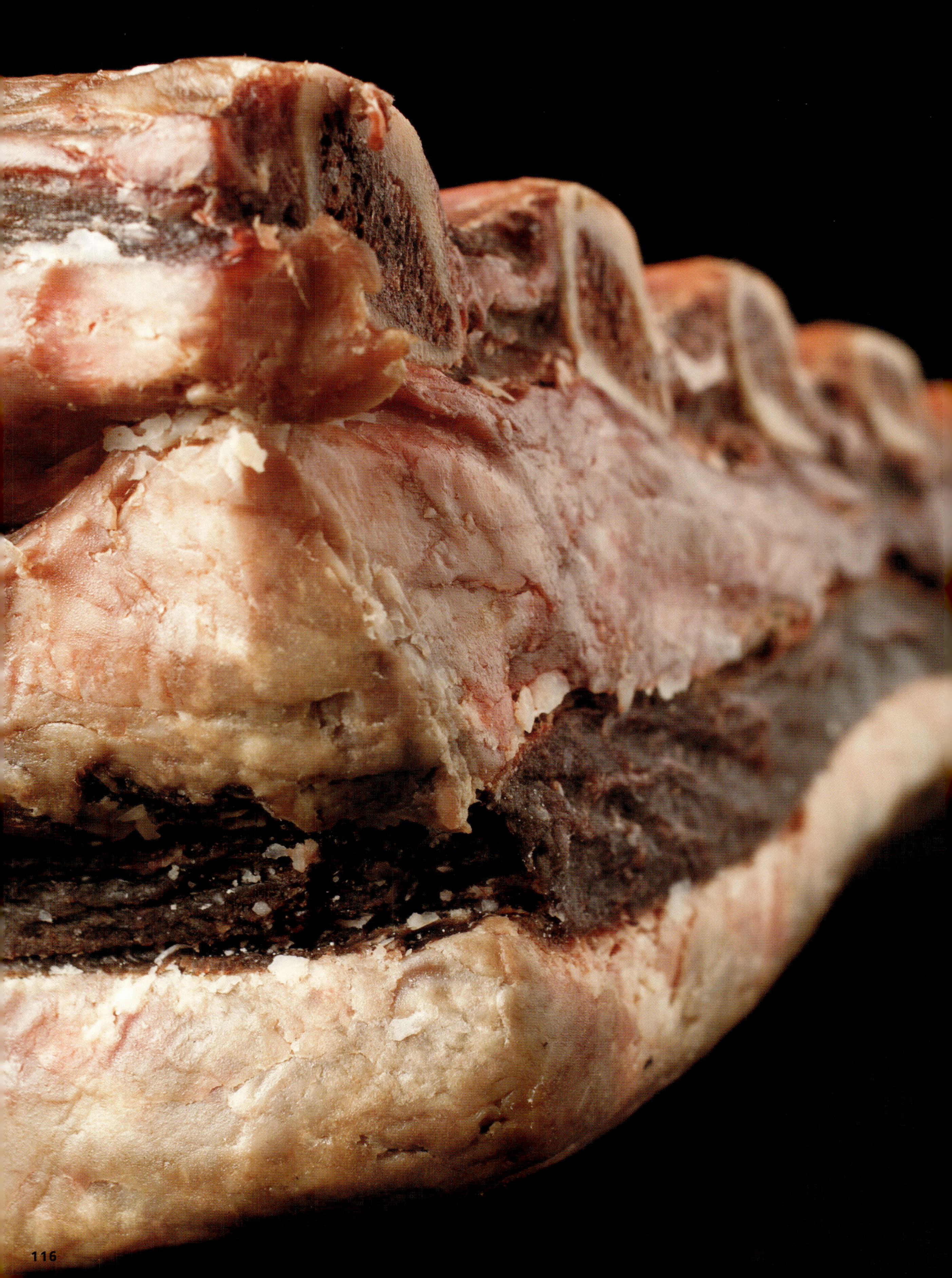

ニュージーランド産牛骨付きリブアイ
カッティングとトリミング

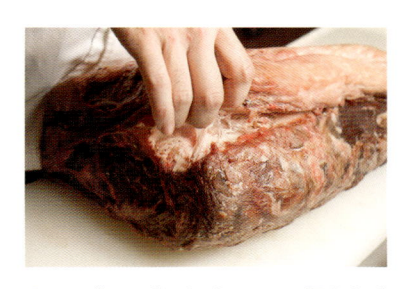

1 まず、カブリと呼んでいる部分を手ではがす。肉から薄膜と一緒に脂身をはがすきっかけをつくる。

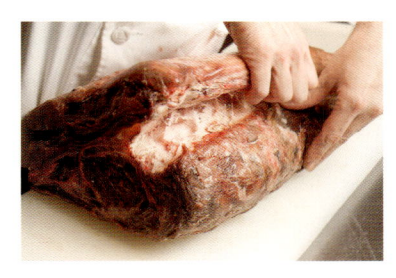

2 手で力を入れてはがす。

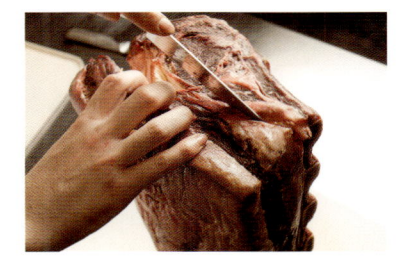

3 肉と薄膜の間に牛刀を入れて、カブリをはずしていく。

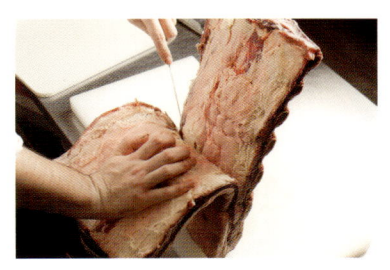

4 包丁を所々で入れながら、手ではがしていく。

5 カブリをはずしたリブアイ(手前)とはずしたカブリ(向こう)。カブリはトリミングしてハンバーガー用のパティなどに利用。

6 肋骨の間に残った丸い骨(胸椎のつけ根。ゲンコツともいう)を包丁の切っ先ではずす。

7 丸い骨をはずしたリブアイ。これを残すと切り分けのときにじゃまになる。

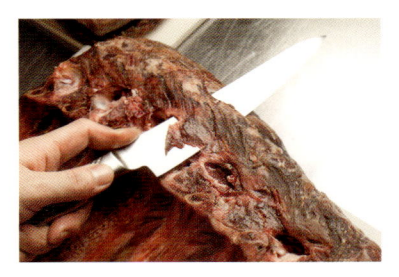

8 変色している表面をすべてそぎ落とす。ドライエイジングにより、かたくなった部分は取り除く。

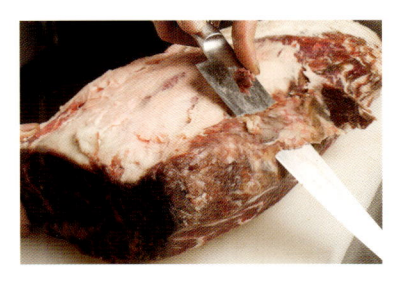

9 肉を裏返してカブリをはがした部分と骨側以外の表面をすべてそぎ落とす。

味つけ
かなり分厚いが、焼く前には完全に常温に戻しておきたい。塩、コショウは焼く直前に。炭火で焼くと脂が落ちるのだが、そのときに塩、コショウも一緒に落ちやすいので肉の全面に強めに挽きかける。

1 あらかじめ熱してある左側のグリラーで、肉の断面に焼き目をつける。

2 肉の向きを90度変えておきなおし、格子に焼き目をつける。

3 焼きにくい側面は石で支え、全面に均等に焼き目をつける。

4 焼き目がついたら、220℃のオーブンで15分間焼く。途中で裏返して、芯温を45〜47℃まで上げる。

5 オーブンから取り出して、温かいところにおく。皿が熱くなっているので、時折肉を返しながら10分間やすませる。

6 肉の表面に脂が浮き上がってきたら、右側のグリラーに移して、仕上げの焼きに入る。脂が炭に落ちて煙が立つ。両面を返しながらこの煙でいぶす。

7 オーブン皿に残った肉汁と脂をかけて、さらに煙を立てる。最後に表面をカリッとさせて、中まで温める。

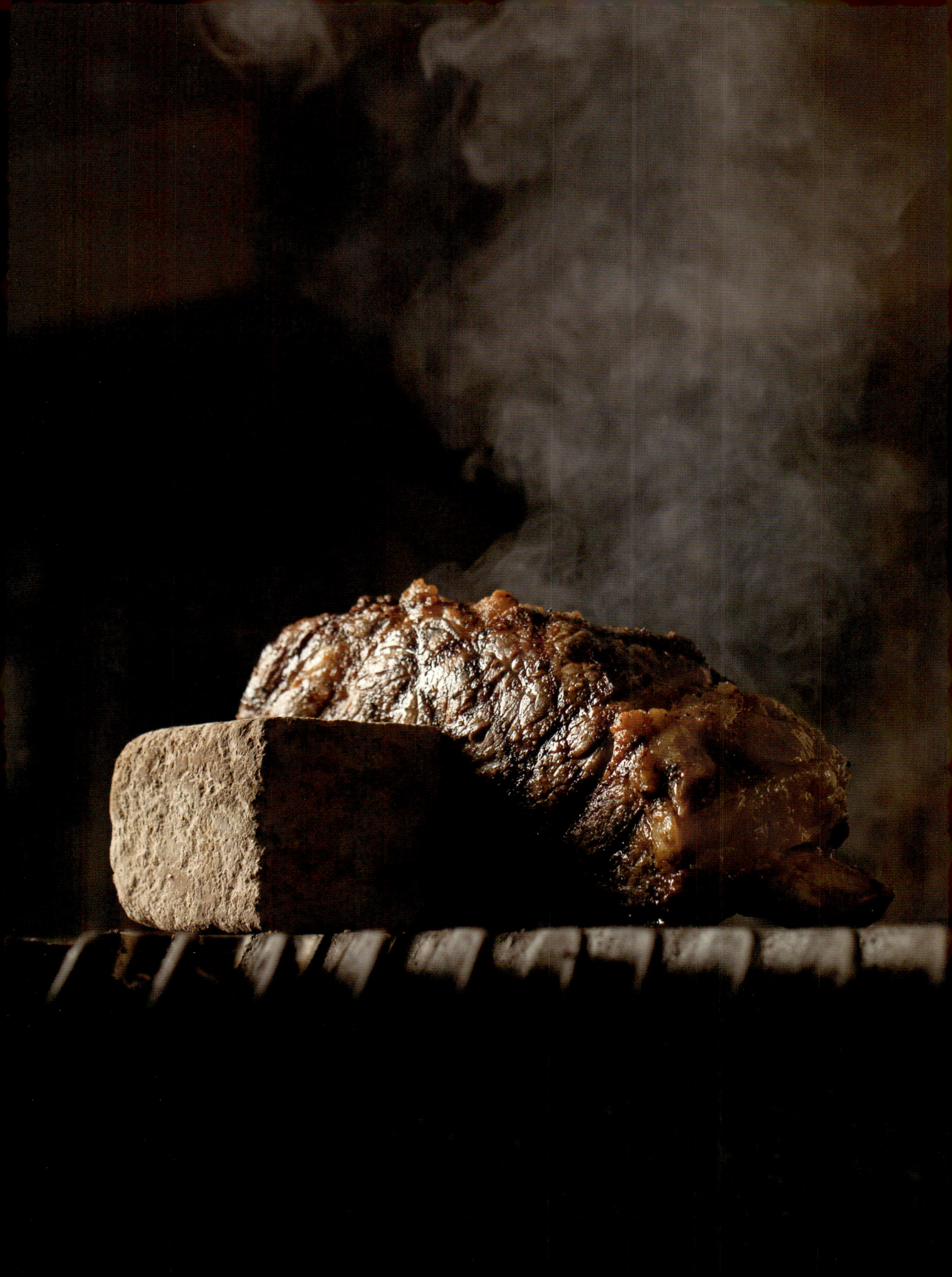

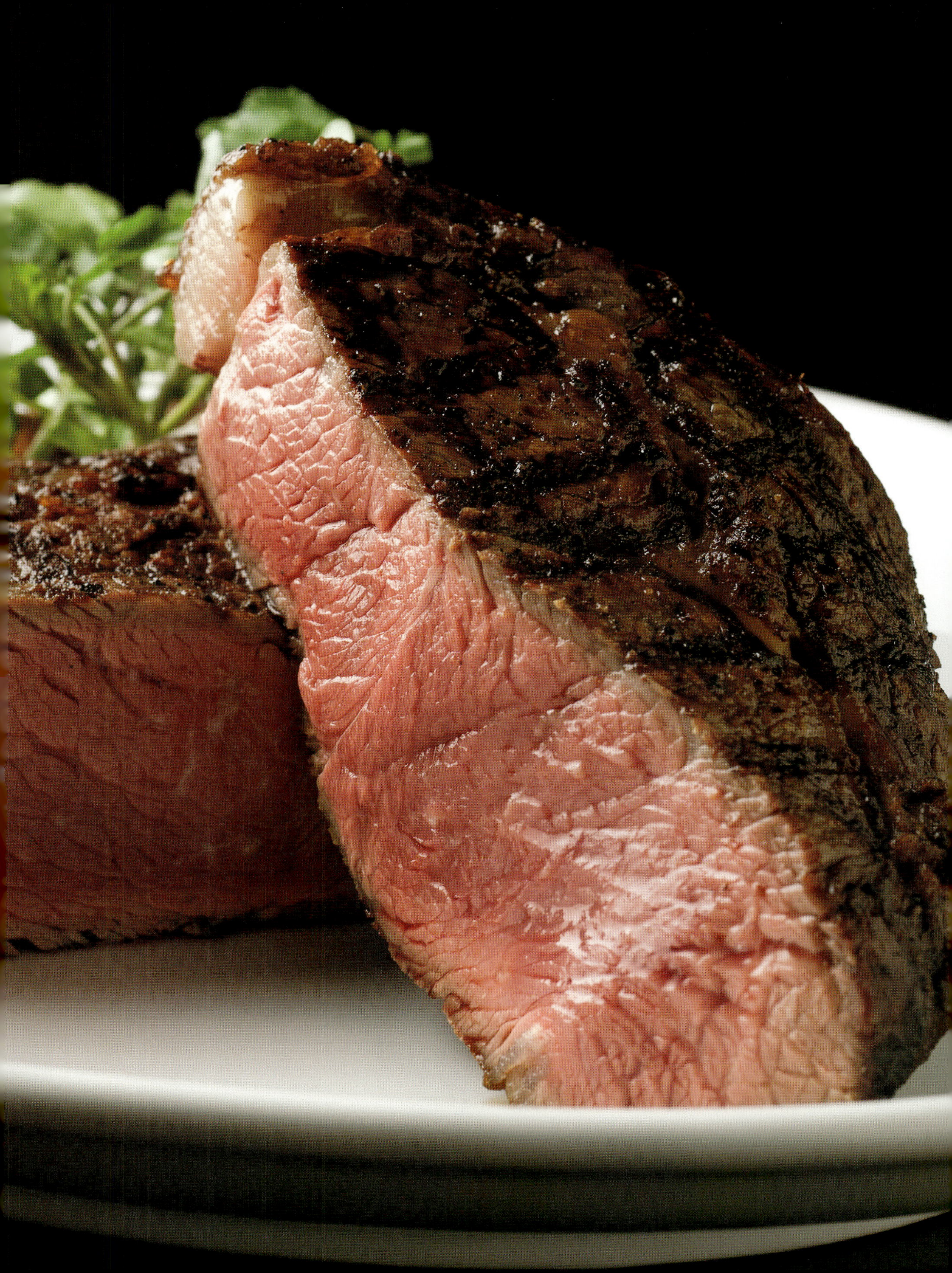

オーシャンビーフ骨付きリブアイ 1000g

分厚い骨付きリブアイ1kgは、数名のグループでシェアして食べていただきたいボリュームのある1品。塩とコショウでシンプルに調味した炭火焼き。

オーシャンビーフ骨付きリブアイ

牛骨付きリブアイ＊　1000g
塩、コショウ　各適量

＊ニュージーランド産オーシャンビーフのリブロース。

1 骨付きリブアイを焼く（→119頁）。
2 つけ合せのローストしたベルギーエシャロットとクレソンを添える。
3 2種のソースとおろし山葵、粒マスタードを添える。

つけ合せ

ベルギーエシャロット　3〜4個
クレソン　適量
塩　適量
オリーブ油　適量

1 ベルギーエシャロットは皮付きのまま縦に切れ目を入れて、塩とオリーブ油をまぶす。
2 160℃のオーブンで20〜30分間焼く。
3 クレソンは切りそろえておく。

赤ワインソース

赤ワイン　7.5リットル
エシャロット（みじん切り）　1kg
タイム　1パック
フォン・ド・ヴォー　5kg
グラニュー糖　100g
塩、コショウ　各適量

1 赤ワイン、エシャロット、タイムを鍋に入れて火にかけ、3分の1量になるまで煮詰める。煮詰めたらシノワで漉す。
2 鍋に1とフォン・ド・ヴォーを入れて火にかけ、3分の1量になるまで煮詰める。
3 グラニュー糖を鍋に入れて火にかけ、カラメルをつくる。
4 2に3のカラメルにしたグラニュー糖を加える。
5 塩、コショウで味を調える。

醤油ガーリックソース

醤油　2000cc
ミリン　1000cc
玉ネギ（みじん切り）　2個
リンゴ（すりおろし）2個
昆布　7cm1枚
ニンニク（みじん切り）　10かけ
砂糖　300g
水　500cc

1 ミリンを火にかけて、アルコール分を飛ばしておく。
2 その他の材料を加えて火にかけ、沸騰したらすぐ火を止める。
3 そのまま冷まし、漉しておく。

薬味

粒マスタード　適量
おろし山葵　適量

WAKANUI ラムチョップ

ワカヌイの名物アミューズ、ラムチョップ。ほとんどのお客が注文する人気メニュー。春から初夏の牧草で育ったラムは月齢6ヵ月未満の小ぶりで柔らかい肉質が特徴。

ラムチョップ＊　1本
塩、コショウ　各少量
ルーコラ　適量

＊WAKANUI スプリングラムの背ロース肉（旬のラムを一定期間熟成させ、急速凍結した商品。背側の脂肪、バラ先の肉を除いて骨を出したもの）を使用。

1 ラムチョップに塩、コショウをふる。
2 グリラーで焼く。何度か返しながら両面から均等に焼きながら、ミディアムレアに焼き上げる。
3 ルーコラを添えて盛りつける。

カンタベリー仔羊骨付きロース ハーフカット

デリケートな仔羊は、肉になるべくストレスをかけないように火を入れていく。ニュージーランド南島カンタベリー平野にある生産工場でパッキングされた骨付きの背ロースを使用。

仔羊骨付き背ロース肉　ハーフカット（4本リブ）
塩、コショウ　各適量

つけ合せ
ベルギーエシャロット　2個
クレソン　適量
塩　適量
オリーブ油　適量

1. 仔羊骨付き背ロース肉は室温に戻し、塊のまま塩、コショウをふる。
2. グリラーにのせ、何度か返しながら表面全体を強火で焼く。
3. 全体に焼き色がついたら、220℃に熱したオーブンで約2分半焼く。
4. 芯温が42〜45℃に達したらオーブンから出し、温かいところで約5分間やすませる。
5. エシャロットは皮付きのまま縦に切れ目を入れて、オリーブ油と少量の塩をふって、160℃のオーブンで20〜30分間焼く。
6. やすませておいた**4**の仔羊を網をのせたグリラーで数分間焼いて仕上げ焼きする。焼き加減はミディアムレア程度が目安。
7. 仔羊を半分にカットし、**5**のエシャロットとともに皿に盛りつける。クレソンを添える。

ラム・ショートロインのたたき

仔羊のロース肉の表面をあぶって薄く切り、野菜と盛り合わせたヘルシーメニュー。骨なしのロース肉を使用。

　　仔羊ロース肉
　　　（ニュージーランド産ショートロイン）　50g
　　塩、コショウ　各適量
　　赤玉ネギ（薄切り）　10g
　　トマト　適量
　　ベビーリーフ　5g
　　オリーブ油、塩　各少量
　　ドレッシング　適量
　　├白ワインヴィネガー　50g
　　├オリーブ油　100g
　　├ミリン　20g
　　├エシャロット（みじん切り・水にさらす）　100g
　　└醤油　50g

1　塊のロース肉に塩、コショウをふってグリラーで表面だけをあぶる。バットに移し、これを氷を敷き詰めたバットにのせて冷ます。
2　たたきにしたラムを5mm厚さにスライスして皿に平らに並べる。
3　上からドレッシングをかけて赤玉ネギを散らす。ドレッシングは材料をすべて合わせてミキサーで撹拌したもの。
4　トマトを角切りにし、ベビーリーフとともに飾る。周りにオリーブ油をたらし、塩をふる。

牧草牛フィレ 250g

アンガス種などの英国系の肉用種を放牧し、牧草のみで飼育した健康的な牛肉。月齢18ヵ月の牛を使用。柔らかいヒレを分厚く切って、炭火で焼いたステーキ。

 牛ヒレ肉（ニュージーランド産）　250g
 塩、コショウ　各適量

 つけ合せ
 ベルギーエシャロット　2個
 クレソン　適量
 塩、コショウ　各適量
 オリーブ油　適量

1. 牛ヒレ肉を冷蔵庫から取り出し、室温に戻しておく。1枚250gに切り、塩、コショウをふる。
2. グリラーで表面を強火で焼く。裏側も同様。
3. 両側に焼き色がついたら220℃に熱したオーブンに移し、約6分間焼く。
4. 芯温が42〜45℃に達したらオーブンから取り出し、温かいところで約6分間やすませる。
5. エシャロットは皮付きのまま、縦に切れ目を入れてオリーブ油と塩を少量まぶし、160℃のオーブンで20〜30分間焼く。
6. グリラーに網をのせ、**4**の牛肉をのせて3分間前後仕上げ焼きをする。焼き加減はミディアムレア。
7. 牛肉を**5**のエシャロットとともに皿に盛り、クレソンを添える。

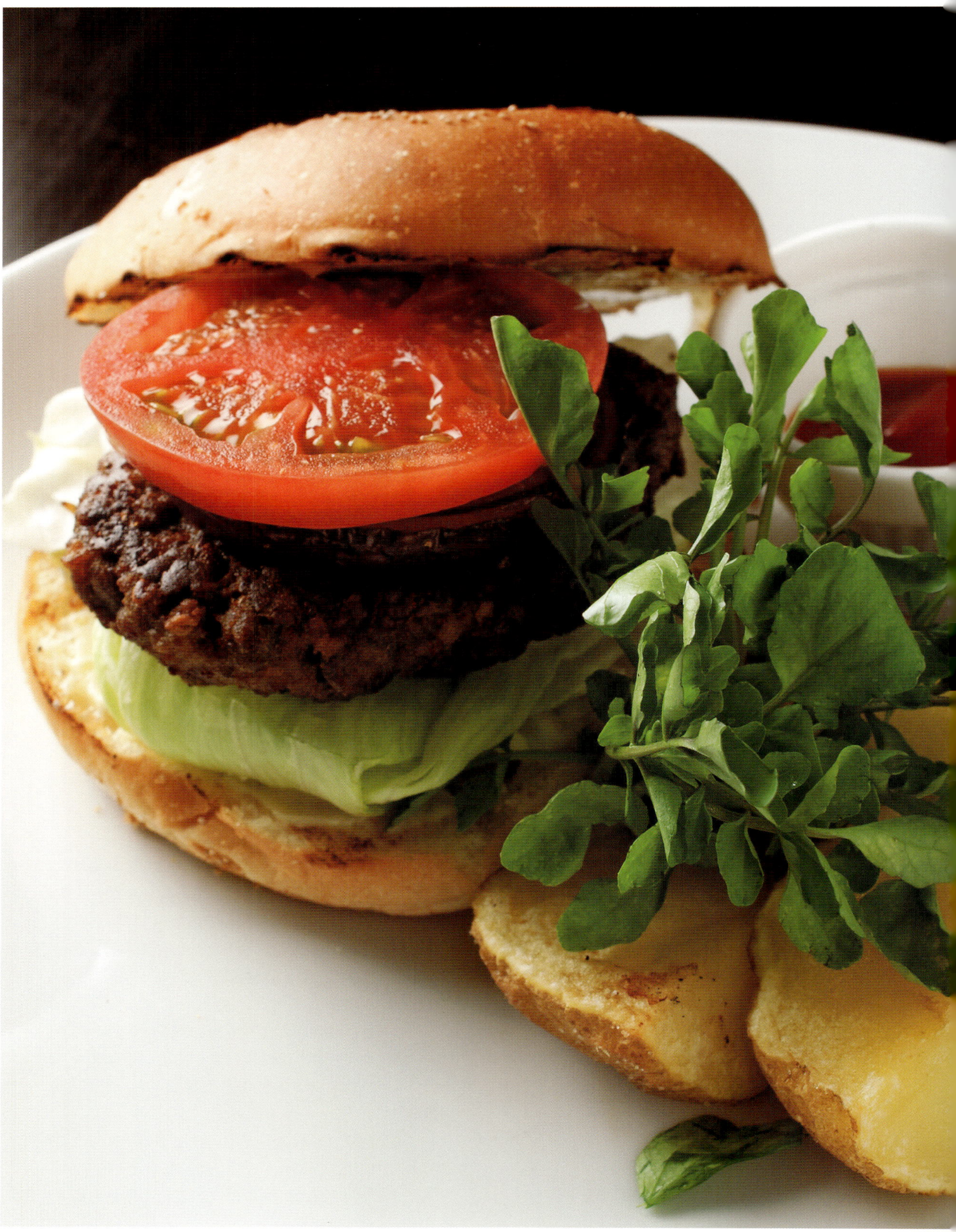

ワカヌイ・プレミアム・バーガー

ランチの人気メニュー。ドライエイジングしていない肉とドライエイジングした肉をブレンドしたパティでつくるボリュームたっぷりのバーガー。

パティ（11人前） 1人前180g
- 牛挽き肉＊　2kg
- 卵　1個
- 塩　10g

玉ネギ（厚めの輪切り）　1枚
トマト（厚めの輪切り）　1枚
ピクルス　1枚
キウィソース＊＊　3g
マヨネーズ　適量
レタス　1枚
バンズ　1個

つけ合せ
ローストポテト＊＊＊　適量
クレソン　適量

薬味
ケチャップ　適量
粒マスタード　適量

＊ドライエイジングビーフと水分のある牛肉（牧草牛ヘイファーフィレの端肉）を混ぜて、中挽き程度に挽いておく。
＊＊キウイ（角切り）4個分、白ワインヴィネガー20cc、グラニュー糖80g、ナツメグ少量を鍋に入れて、中火～弱火で透明感が出るまで煮る。
＊＊＊ジャガイモは皮付きのまま適当な大きさに切り、180℃のオーブンで約30分間火が通るまで焼く。

1. 牛挽き肉、卵、塩を合わせて白くなるまで手でこねる。1個180gに成形し、フライパンで焼く。
2. バンズを横2枚に切り、内側をグリラーで焼き、焼いた面にマヨネーズをぬる。
3. 玉ネギもグリラーで焼く。
4. バンズにピクルス、レタス、キウィソース、パティ、玉ネギ、トマトの順に重ねてバンズの上半分をのせて皿に盛る。
5. ローストポテト、クレソン、ケチャップ、粒マスタードを添える。

ロメインレタスとアンディーブ、ブルーチーズのサラダ

ぱりぱりのロメインレタスに甘酸っぱいリンゴとブルーチーズがアクセント。

　　ロメインレタス（ざく切り）　50g
　　アンディーブ（ざく切り）　20g
　　リンゴ（いちょう切り）　10g
　　クルミ（ロースト）　3g
　　ブルーチーズ（ニュージーランド産キコランギ）　15g
　　塩　適量
　　クルトン＊　適量
　　ドレッシング＊＊　適量

＊食パンを角切りにし、160℃のオーブンでカリカリになるまで10分間弱焼く。
＊＊クルミ油2に対してアップルビネガーを1の割合で混ぜ合わせ、塩、コショウで味を調える。

1　ロメインレタス、アンディーブ、リンゴ、クルミをボウルに入れて塩をふる。
2　ドレッシングを適量加え、混ぜ合わせる。
3　2を皿に盛り、上からちぎったブルーチーズとクルトンを散らす。

バーニャカウダ

甘みのある有機野菜を生のままソースをつけて食べていただく。色のきれいな根菜や果菜などをいろどりよく盛り合わせた。

　　グリーンマスタード　3～4枚
　　紅芯ダイコン（いちょう切り）　3枚
　　パプリカ（赤・黄）　各1切れ
　　ニンジン（赤・黄）　各3切れ
　　キュウリ　2切れ
　　ラディッシュ　1個
　　オクラ　1本
　　グリーンアスパラガス　1/2本
　　アンディーブ　1切れ
　　ヤングコーン　1本
　　ソース
　　├ ニンニク　375g　　├ 水　1.8リットル
　　├ オリーブ油　25g　├ 牛乳　200cc
　　└ アンチョビ　125g

1. 野菜は水に浸してパリッとさせ、適宜食べやすい大きさに切る。
2. 器にいろどりよく盛りつける。
3. ソースをつくる。ニンニクの皮をむき、粗みじんに切る。
4. 鍋にニンニクを入れ、かぶるくらいの水と牛乳（水9に対して牛乳1の割合）を加えて火にかける。
5. 沸いたらふきこぼれないように火加減を調節しながらトロッとするまで煮詰める（約1時間）。
6. 鍋にアンチョビを加え、木ベラでまんべんなくつぶす。
7. オリーブ油を加えて弱火にかける。
8. 鍋底がこげつきやすいので、ヘラでこそげながら、約10分間沸かす。
9. 冷まして容器に移し、冷蔵庫で保管する。
10. 提供時はポットに取り分けて、固形燃料で温める。

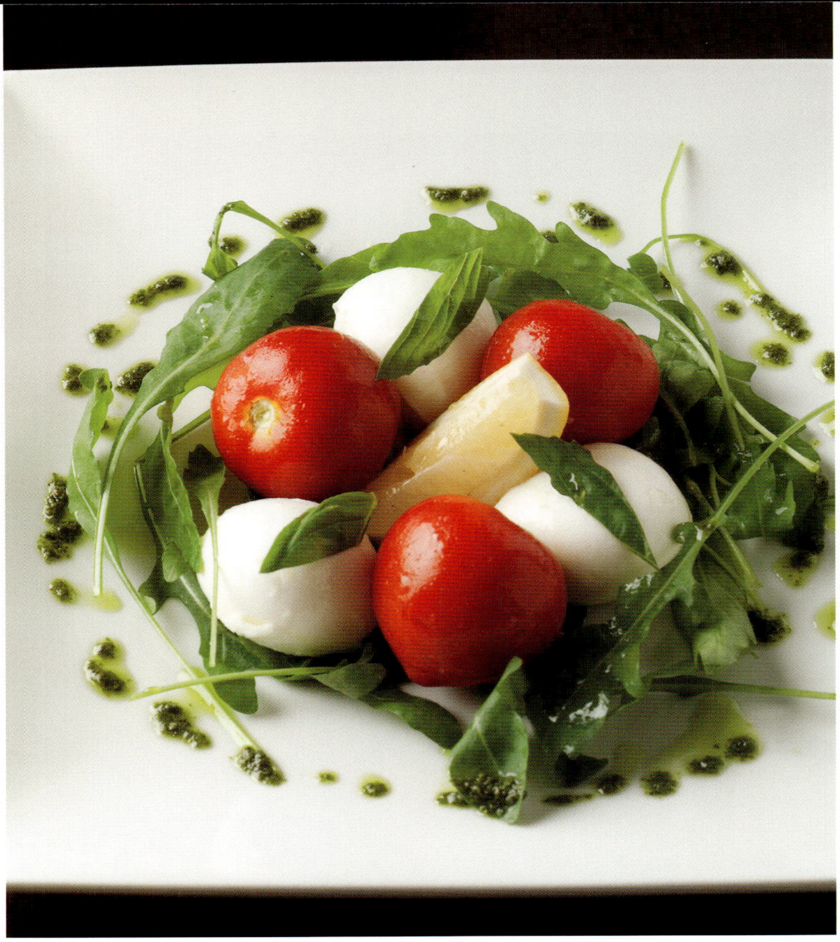

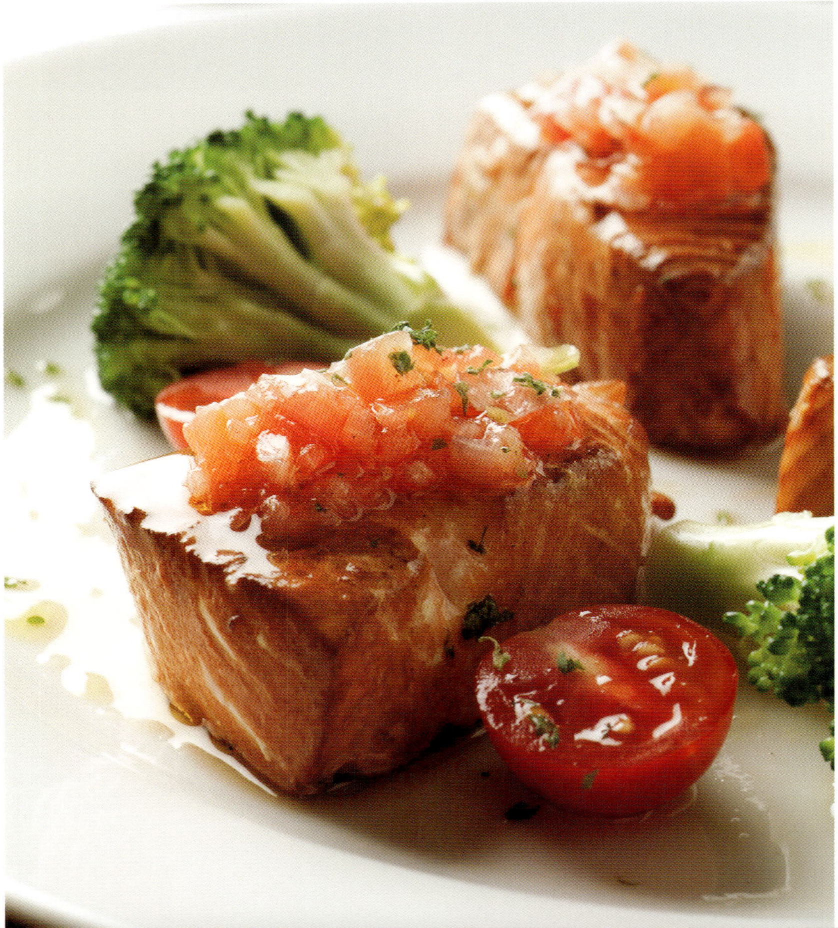

トマトとボッコンチーニの
カプレーゼ

一口大のミニサイズのモッツァレッラチーズ、ボッコンチーニ。同じサイズのトマトを盛り合わせたカプレーゼは前菜で。

 ミディトマト　3個
 モッツァレッラチーズ（ボッコンチーニ）　3個
 ルーコラ　20g
 バジル　1枚
 レモン（くし形切り）　1切れ
 オリーブ油、塩　各適量
 バジルソース　適量
 ├ バジルのピュレ　10g
 ├ 松の実　5g
 └ オリーブ油、塩　各適量

1. トマト、モッツァレッラチーズをボウルに入れて、オリーブ油と塩で和える。
2. 器にルーコラの葉をちぎって散らし、トマトとモッツァレッラチーズを盛る。
3. バジルをちぎって散らし、レモンを添える。
4. 最後にバジルソースを流す。バジルソースは、材料をすべて合わせて、ハンドブレンダーにかけてつくる。

ニュージーランド産
キングサーモンの温燻製

キングサーモンを分厚く切って、サクラのスモークチップで燻製にかけた。適度に脂が落ち、しっとりと火が入ったサーモンの温かい前菜。

 キングサーモン（フィレ）　50g×3切れ
 塩、スモークチップ（サクラ）　各適量
 つけ合せ
 ブロッコリー　50g
 プチトマト（半分に切る）　1.5個
 トマトとオニオンのソース
 ├ トマト（種を除く・みじん切り）　900g
 ├ エシャロット（みじん切り・水にさらす）　300g
 ├ レモン汁　3g
 ├ 塩　15g
 ├ コショウ　3g
 ├ 青唐辛子（ニュージーランド産）　2本
 └ オリーブ油　適量

 パセリ（みじん切り）　少量

1. キングサーモンに塩をふる。
2. 中華鍋にスモークチップを入れて網をおき、火にかける。
3. 煙が立ってきたら、キングサーモンを網の上にのせて蓋をし、約5分間燻煙する。
4. トマトとオニオンのソースをつくる。材料をすべて混ぜ合わせてしばらくおいて味をなじませる。
5. ブロッコリーを小房に分けて塩ゆでする。
6. 器にキングサーモンを盛り、トマトとオニオンのソースをのせる。ブロッコリーとプチトマトを盛り合わせる。

サイドディッシュ

野菜やキノコなど、グリル料理のサイドディッシュとして常時6種類をそろえる。

ほうれん草のソテー

ホウレン草（ざく切り）　160g
無塩バター　適量
塩　適量

1 ホウレン草を数センチの長さに切りそろえる。
2 フライパンにバターを入れて熱し、ホウレン草を入れて炒める。塩で味をつける。

きのこのソテー

シイタケ　5枚
エリンギ　2本
マイタケ　1/3株
シメジ茸　1/4株
オリーブ油　少量
無塩バター　少量
塩　少量
パセリ（みじん切り）　適量

1 キノコ類はほぐして一口大に切る。
2 熱したフライパンにオリーブ油とバターを入れて溶かす。
3 キノコを入れて強火で手早く炒め合わせ、塩で味をつける。
4 器に盛り、上からパセリを散らす。

自家製フレンチフライ

ジャガイモ（メークイン）　220g
塩　適量
パセリ（みじん切り）　適量
サラダ油　適量

1 ジャガイモは竹串がスッと入るまであらかじめ蒸し上げておく。これをくし形に切る。
2 サラダ油を180℃に熱し、1をカリッとするまで揚げる。
3 塩を少量ふりかけ、みじん切りにしたパセリを散らす。

ジャスミンライスのハーブピラフ

ジャスミンライス＊　1kg
チキンストック　米と同量
フレッシュハーブオイル
　オリーブ油　適量
　フレッシュハーブ　各適量
　├ タイム
　├ イタリアンパセリ
　├ ディル
　├ バジル
　└ セルフィユ

塩　適量

＊タイ産の香り米。

1 ジャスミンライスを同量のチキンストックでかために炊き上げる。
2 ハーブの茎を除き、オリーブ油とともにミキサーにかけてフレッシュハーブオイルをつくる。
3 炊き上げたジャスミンライス180gと2のフレッシュハーブオイル大さじ1をフライパンに入れて熱し、サッと炒め合わせて塩で味をつける。

WAKANUI
ワカヌイ
GRILL DINING TOKYO

〒106-0044
東京都港区東麻布 2-23-14 トワ・イグレッグ B1
Tel. 03-3568-3466
定休日　無休（年末年始を除く）
営業時間　11:30 ～ 15:00（LO 14:00）
　　　　　18:00 ～ 23:00（LO 22:00）

　麻布十番駅から徒歩5分ほど。幹線道路から一本入った住宅街にあるワカヌイは、ニュージーランドの大手食肉会社の日本法人、アンズコフーズ株式会社のアンテナショップ。使っている肉はすべてニュージーランド産で、ワインリストにも同国の銘柄が並ぶ。日本では入手困難なプレミアムワインもそろっている。

　ワカヌイの牛肉は日本で偏重されている細かくサシが入った霜降り肉とは別物だ。ニュージーランドの牧草で育ち、穀物で肥育された健康的な肉の味と食後にもたれない爽快感が、最近の日本人の好みに合ってきた。霜降り肉ではとても食べきれないほどの分厚い肉を、おいしく食べることができるのだ。

　そのおいしさを生み出すために、ワカヌイではニュージーランド産の牛肉の特性に合った熟成方法がとられている。チルド輸送中のウェットエイジングと店内の熟成庫でのドライエイジングを合わせた、いわゆるダブル熟成。旨みがほどよく凝縮され、かつみずみずしい肉のジューシーさが残るように調整している。脂も香りがよく、とても食べやすくなる。

　分厚いリブロースの魅力もさることながら、ワカヌイ名物のアミューズ、ラムチョップやランチのプレミアムバーガーの人気も高い。

メニュー

ディナー

[アミューズ・前菜]
WAKANUI ラムチョップ（1ピース）　380円
本日の前菜　1600円〜
ロメインレタスとアンディーブ、ブルーチーズのサラダ
　　1400円
バーニャカウダ　1600円
トマトとボッコンチーニのカプレーゼ　セルバチコサラダ
　　添え　1500円
本日鮮魚のカルパッチョ　1600円
ニュージーランド産キングサーモンの香草マリネ　イクラ
　　添え　1500円
"オーシャンサラダ"魚介類のサラダ仕立て　1800円
ラム・ショートロインのタタキ　エシャロットヴィネグレット
　　1600円
ニュージーランド産キングサーモンの温燻製　1600円
本日のスープ　レギュラーサイズ　900円
　　スモールサイズ　600円

[グリル]
オーシャンビーフ
　　骨付きリブアイ　8800円（1000g）
　　リブアイカット　3500円（350g）〜
牧草牛フィレ　3200円（250g）
カンタベリー仔羊骨付きロース
　　ハーフラック　2100円
　　フルラック　3900円
本日の鮮魚料理　3000円

[サイドディッシュ]
本日の付け合わせ　ask
有機根野菜のボイル　900円
ほうれん草のソテー　700円
自家製フレンチフライ　700円
きのこ類のソテー　700円
ジャスミンライスのハーブピラフ　700円

ランチ

ワカヌイ・プレミアム・バーガー
　　（熟成肉100％ハンバーガー）　1280円
ラムチョップのグリル（3ピース）　1480円
本日のお肉料理　1480円

[グリル]
　　オーシャンビーフリブアイ　3800円（350g）
　　牧草牛フィレ　5600円（500g）
　　カンタベリー仔羊骨付きロースフルラック　3900円
ミートドリア（キッズメニュー）　1000円
プリフィクスランチコース　2100円〜

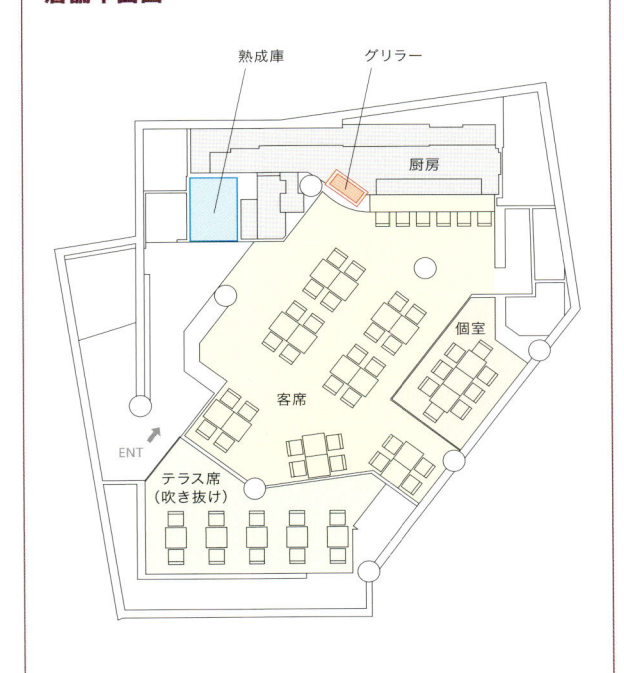

店舗平面図

左頁上左：メインダイニングは50席。1kgの大きなステーキを取り分けるグループ客が中心。個室も完備している。
左頁上右：吹き抜けになっている明るい中庭にはテラス席12席が用意されている。
左頁下左：肉を焼いている姿がガラス越しに正面から見える。
左頁下右：スポットライトに照らし出された熟成肉。
下：エントランスのサイン。

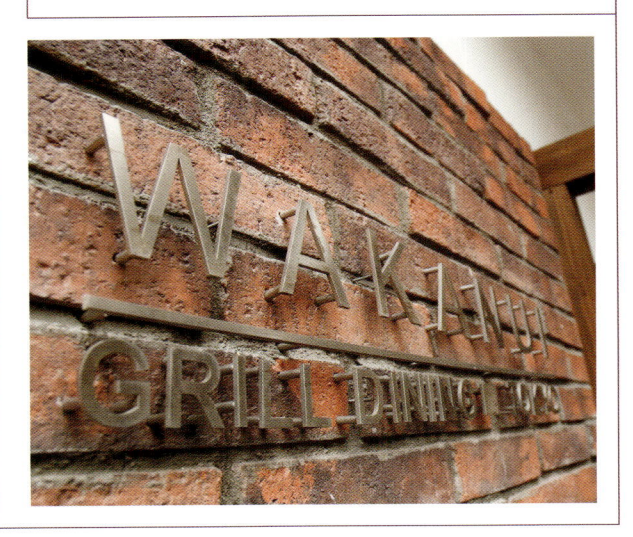

旬熟成

歩道に面した熟成庫に吊り下げられた肉が人々の目をひく。「旬熟成」はメインの熟成肉の炭火焼きとさまざまな肉や産地直送の野菜を使った単品メニューが充実。1階のカウンター席、2階のテーブル席とも、「肉」を食べるワインバルとして連日にぎわっている。

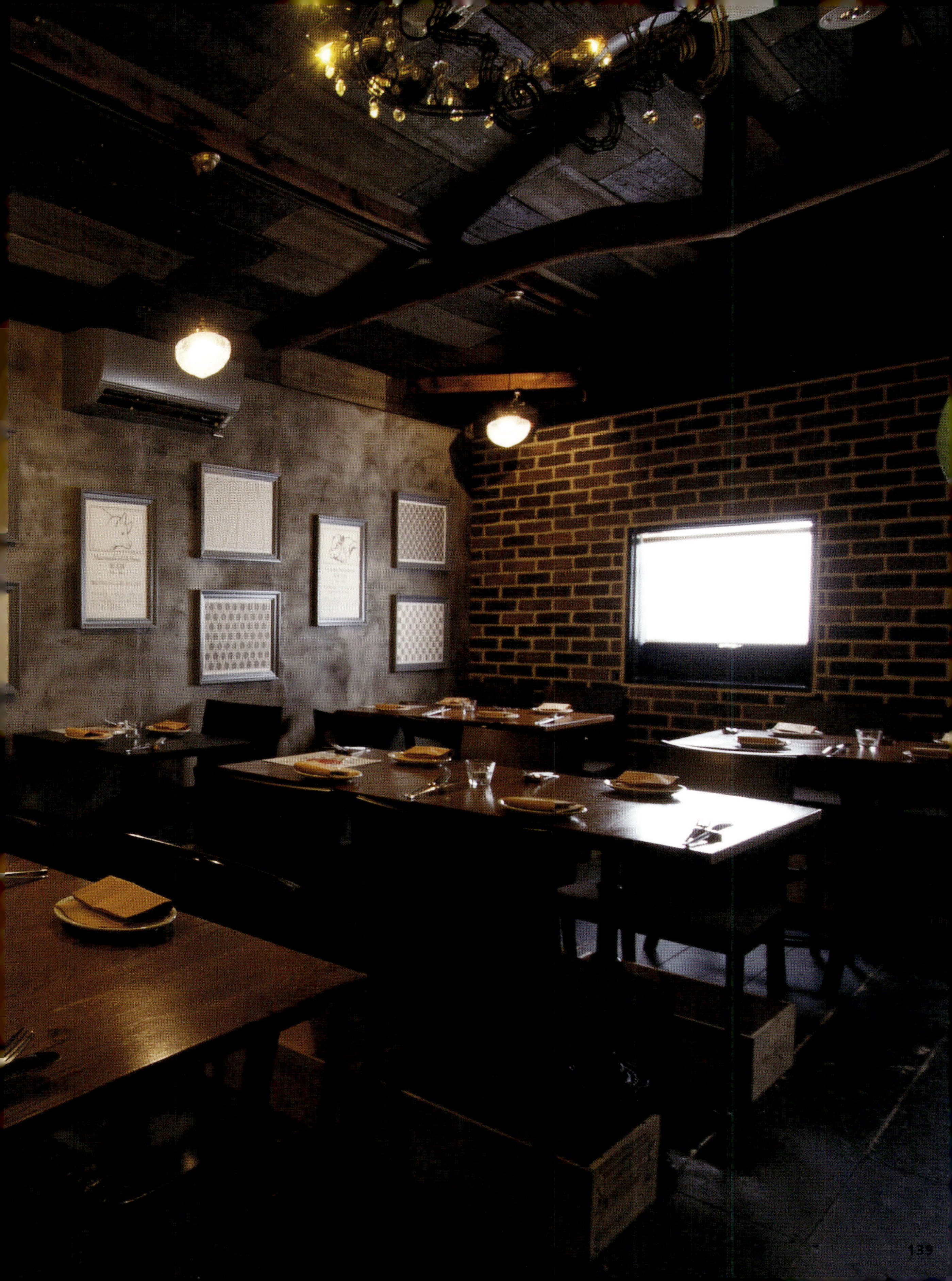

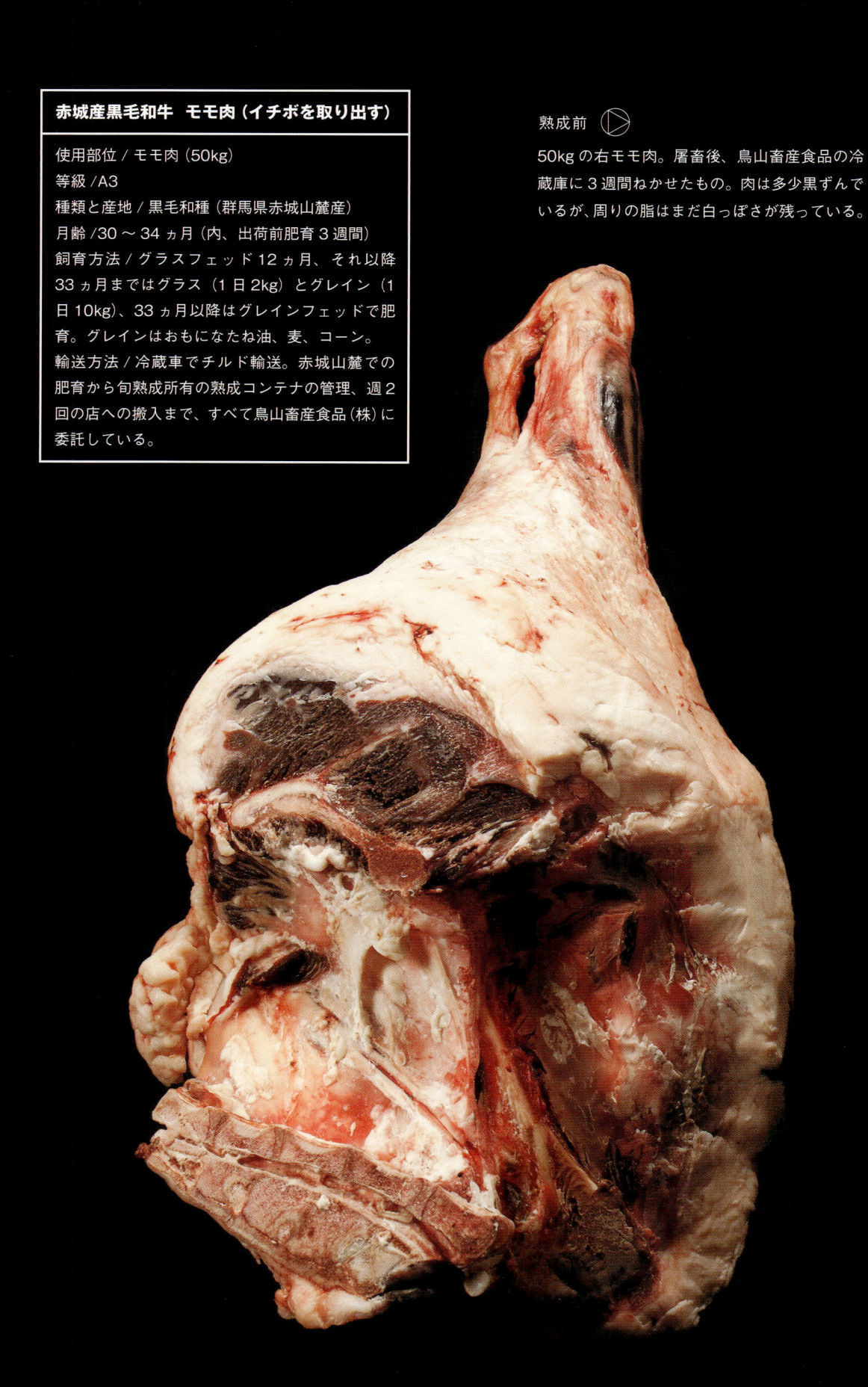

赤城産黒毛和牛 モモ肉（イチボを取り出す）

使用部位／モモ肉（50kg）

等級／A3

種類と産地／黒毛和種（群馬県赤城山麓産）

月齢／30～34ヵ月（内、出荷前肥育3週間）

飼育方法／グラスフェッド12ヵ月、それ以降33ヵ月まではグラス（1日2kg）とグレイン（1日10kg）、33ヵ月以降はグレインフェッドで肥育。グレインはおもになたね油、麦、コーン。

輸送方法／冷蔵車でチルド輸送。赤城山麓での肥育から旬熟成所有の熟成コンテナの管理、週2回の店への搬入まで、すべて鳥山畜産食品（株）に委託している。

熟成前 ▷

50kgの右モモ肉。屠畜後、鳥山畜産食品の冷蔵庫に3週間ねかせたもの。肉は多少黒ずんでいるが、周りの脂はまだ白っぽさが残っている。

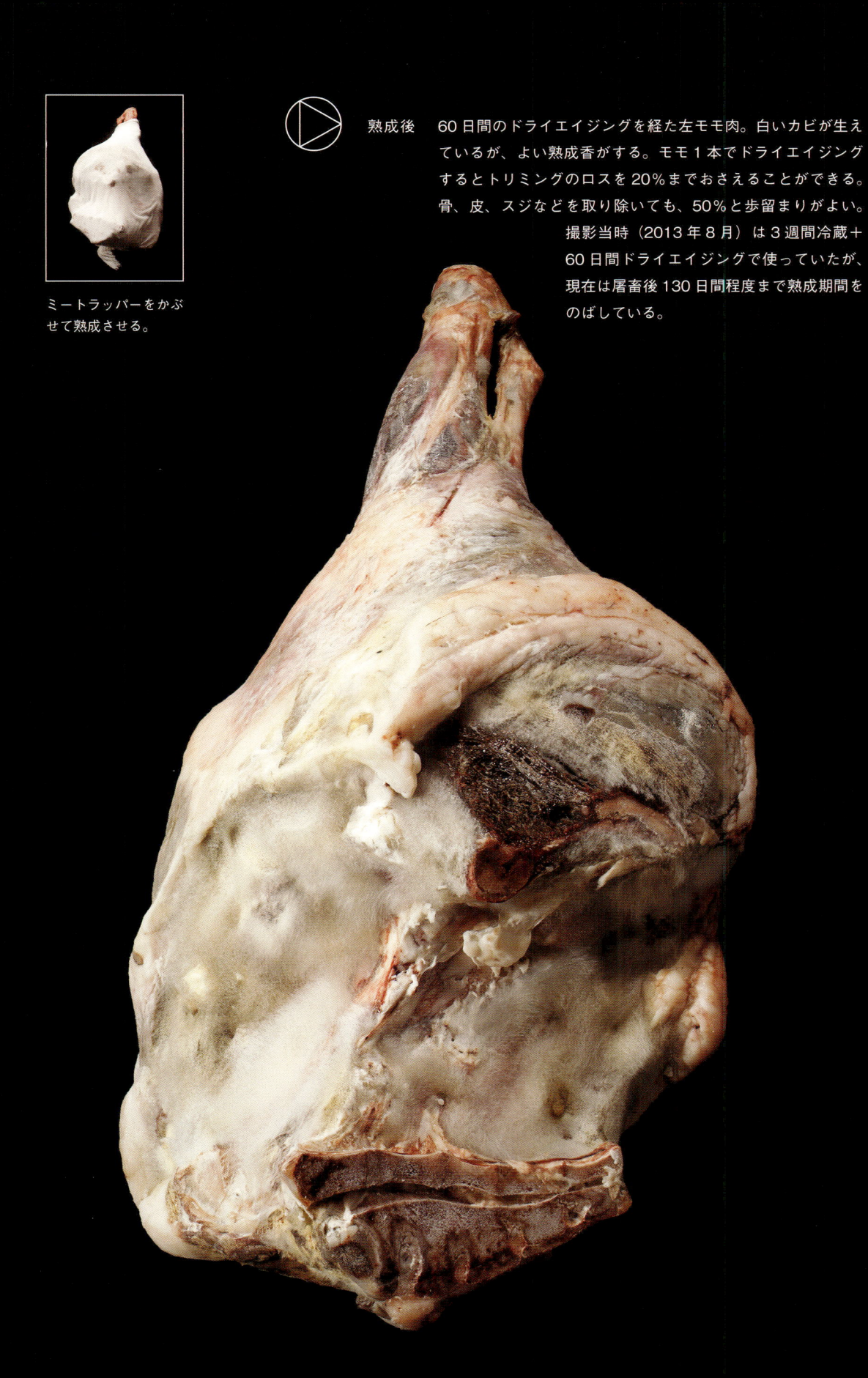

ミートラッパーをかぶ
せて熟成させる。

熟成後　60日間のドライエイジングを経た左モモ肉。白いカビが生え
ているが、よい熟成香がする。モモ1本でドライエイジング
するとトリミングのロスを20％までおさえることができる。
骨、皮、スジなどを取り除いても、50％と歩留まりがよい。
撮影当時（2013年8月）は3週間冷蔵＋
60日間ドライエイジングで使っていたが、
現在は屠畜後130日間程度まで熟成期間を
のばしている。

熟成について

熟成の種類と期間
- 牛肉。現在はコンテナの熟成庫で平均130日間熟成後、店内でドライエイジングしながら2週間で使いきる。モモ肉のほかに骨付きのサーロインも同様に熟成している。状態をみながら140日まで熟成をのばすよう試みている。

- ラム肉。3分割（前モモ、後モモ、ロース）にして店内の熟成庫でドライエイジングする。分厚い脂におおわれた部位は比較的熟成期間を長くとることができる（約60日間）。

- 豚肉。半割りにした枝肉を店内の熟成庫で40日間ドライエイジングする。

熟成庫（店内）
木製の厚い扉の熟成庫はサンヨー製。ワインセラーの中に設置している。歩道から見えるのは一部で、奥が広いつくりになっている。現在、旬熟成の店内の熟成庫では、豚と羊を熟成させている。コンテナで熟成を終えて解体された牛肉はこの中で保管する。

熟成方法
赤城山麓に熟成庫に改造したコンテナを設置し、ここで牛モモ肉と牛骨付きサーロインを熟成している。コンテナは25m、間口3mで、40フィートの容量があり、約800kgの肉を入れることができる。環境は2℃の温度で80％の湿度を保っている。この湿度を保つために庫内に加湿器を回している。庫内の空気は冷蔵のファンでゆるやかに循環させている。ミートラッパーをかぶせた状態で平均130日間熟成させ、週に2回チルドで同店経営の西麻布のデリカテッセンに搬入。ここで解体し、麻布十番の旬熟成に運んで2週間で使いきる。

旬熟成の店内の熟成庫は温度を1〜2℃に保っている。湿度は70〜80％。これは肉から出てくる水分のみで加湿はしない。極力扉の開閉回数を減らし、長期熟成が必要なものは、熟成庫の奥に吊るしている。比較的短期熟成のものは手前に。

熟成の見極め
一定の熟成期間をおくこと。よい香りがすること。また赤身の部分を押すと弾力が失われていて戻ってこない状態がよい。脂身部分も同様。とくに豚肉の脂身などは、指で押すとへこんだまま。熟成前はかたくて押せない。

粘りやアンモニア臭が出たら熟成ではなく腐敗している可能性が高い。これは屠畜後の血抜きに問題があると起こりやすい。

衛生面
熟成庫は歩道に面して設置しており、夏季には温度が上がりやすいので、適切な温度、湿度をつねに保つことが重要。庫内は常に清潔に保つ。

肉を扱う上での注意点
肉にダメージを与えないように、無駄な手数を加えない。焼くさいにもストレスを極力かけない。

料理につながる熟成状態の肉のイメージ
長期熟成しているので、余分な水分は適度に抜けており、ドリップは流出しにくくなっているのだが、さらに肉に極力ストレスがかからないよう低温加熱して、内部においしい肉汁をキープする。熟成によって、獣臭は消えているので、表面を焼いたら、温かいところでやすませて仕上げる。

143

赤城産黒毛和牛モモ肉
解体

以下の手順で熟成後のモモ1本を解体する。

1 寛骨をはずす→ **2** 内モモ（ウチヒラ）を取り出す→ **3** スネ骨をはずす→
4 大腿骨をはずす→ **5** シンタマとヒウチを取り出す→
6 ランイチと外モモ（ソトヒラ）を取り出す→ **7** スネ肉を取り出す

寛骨（骨盤）をはずす

1 モモのつけ根（サーロインとのつけ根）に残っているU字型の寛骨の周りを牛刀の切っ先を入れてはずしていく。まずU字の内側から骨の形に沿って包丁の切っ先を入れる。

2 残った仙骨の下側に包丁を入れる。

3 上側にも包丁を入れる。

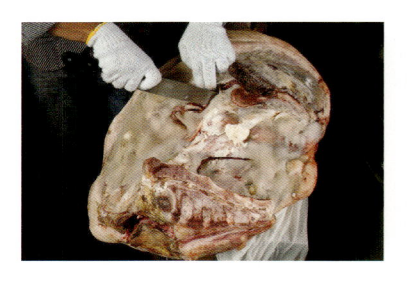

4 骨の形に沿ってU字の外側からも包丁を入れる。

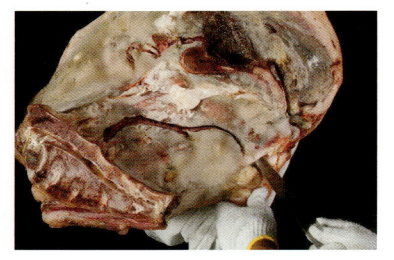

5 U字の骨の周りに包丁を入れ終えたところ。

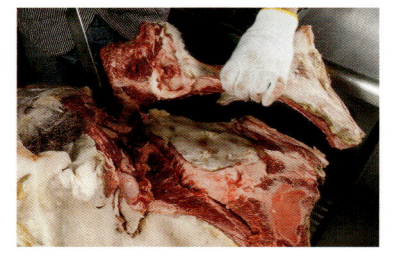

6 手で骨を持ち上げて、大腿骨との関節を切って寛骨をはずす。

内モモを取る

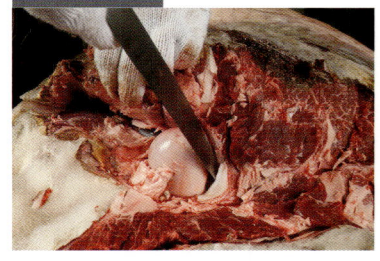

7 大腿骨のつけ根の関節が見えたら、その周りに包丁の切っ先を入れて、周囲のスジを切りはずす。

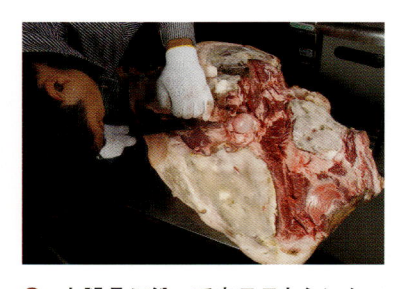

8 大腿骨に沿って内モモとシンタマの間に筋膜があるので、覗き込みながら、これをさぐって包丁で切り進めて分けていく。

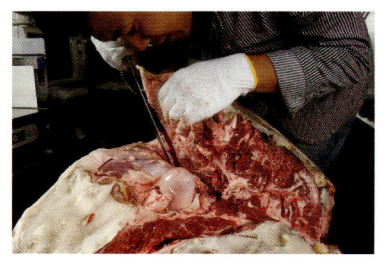

9 肉を傷つけないように注意しながら切り進める。

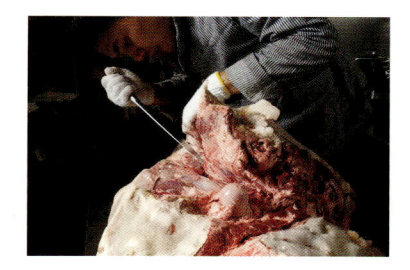

10 肉を手で開きながら、膜をさぐっていく。

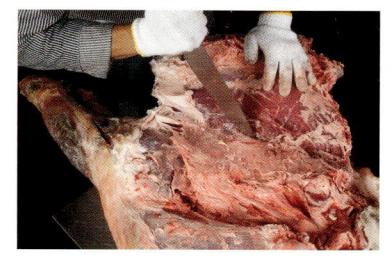

11 肉の部分を完全に切り分ける。

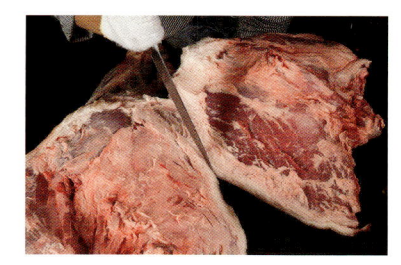

12 脂を切って内モモを切りはずす。

スネ骨をはずす

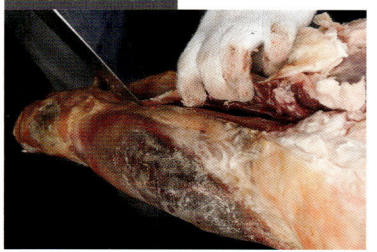

13 内モモを切りはずした端の部分から、スネ骨に沿って骨の上に包丁を入れる。

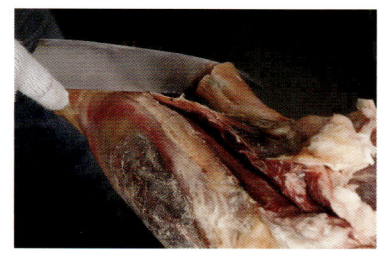

14 逆さ包丁でアキレス腱を切る。

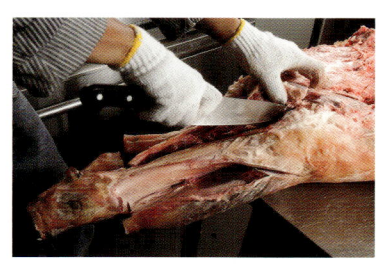

15 スネ骨から肉をそぎ落とす。

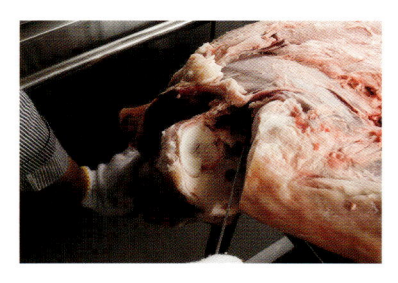

16 スネ骨と大腿骨の関節を切ってスネ骨をはずす。

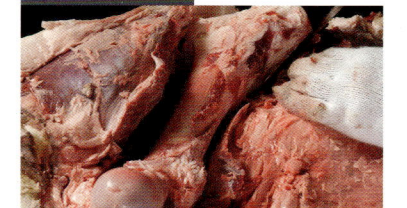

大腿骨をはずす

17 大腿骨の関節や骨に沿って周りの肉を切りはずして骨をむき出しにする。

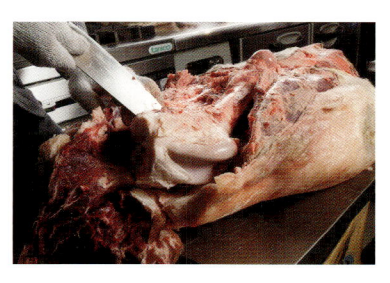

18 大腿骨とスネ骨との関節の周りのスジも切りはずす。

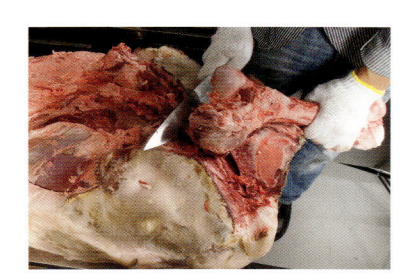

19 なるべく骨に肉を残さないようにして大腿骨をはずす。

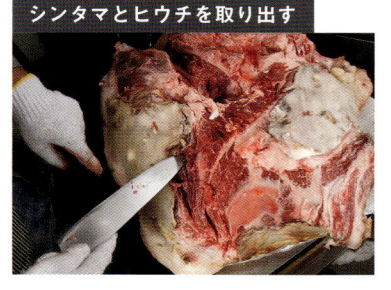

シンタマとヒウチを取り出す

20 シンタマの筋膜をさぐり、きっかけだけを包丁の切っ先でつくる。

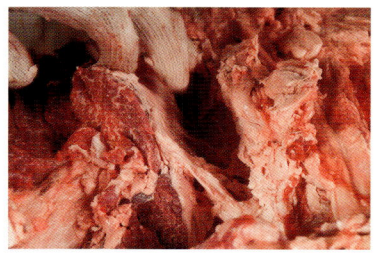

21 ランプとシンタマの間にある筋膜で2つを分けてはずす。

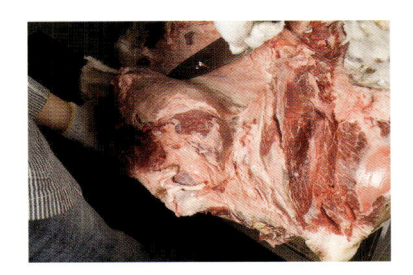

22 この先は手で引っ張るとはがれてくるが、所々包丁を入れるとはずしやすい。

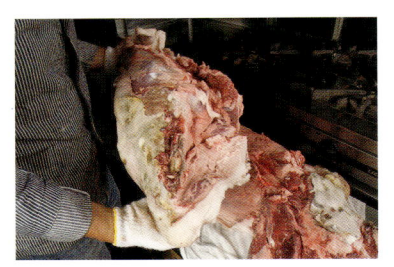

23 脂を切ってシンタマとヒウチを切りはずす。ヒウチはランプの外側についているので、はずすときに傷つけないよう注意。

ランイチと外モモを取り出す

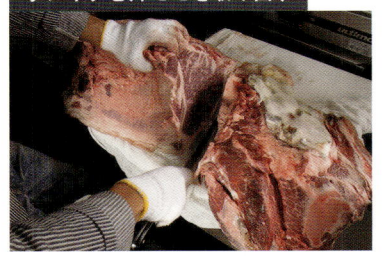

24 残った肉は大腿骨と骨盤の関節の跡あたりで横に切り分ける。

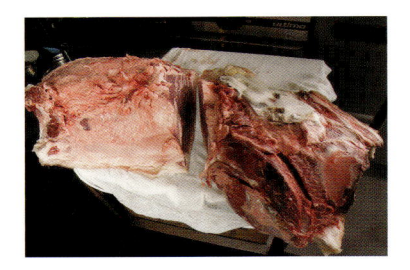

25 右がランイチ、左が外モモ（ソトヒラ）。

スネ肉を取り出す

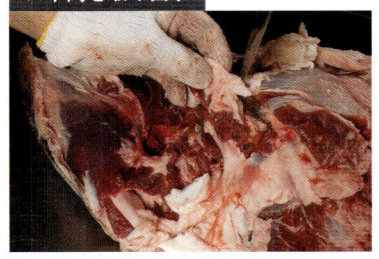

26 外モモからスネ肉をはずす。大腿骨とスネ骨の関節のつけ根に逆さ包丁を入れる。

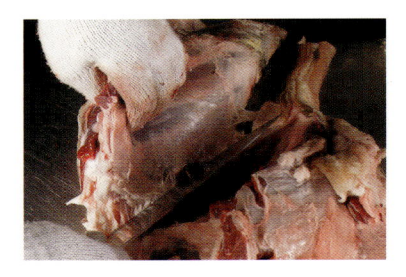

27 筋膜に沿って包丁を入れて切りはずす。

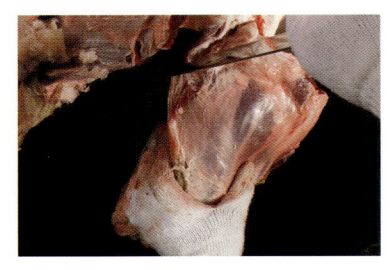

28 スネ肉をつけ根で断ち切る。

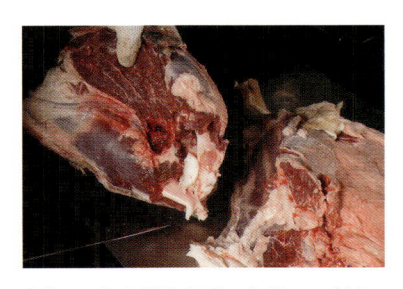

29 スネ肉（左）と残った外モモ（右）。

＊各部位とも、使用時はトリミングをして適宜カットして用いる。

はずした骨		
大腿骨	スネ骨	寛骨/U字の骨盤

ももの4部位		
ランイチ	シンタマとヒウチ	内モモ

	外モモ	
外モモ	スネ肉	スネ肉をはずした外モモ

イチボのトリミングとカッティング

ランイチからランプとイチボを分ける作業。

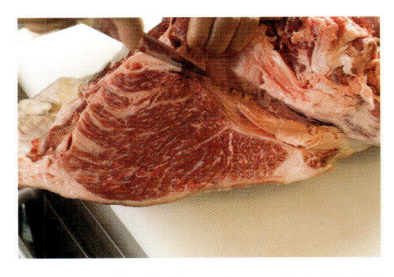

1 ランプを持ち上げて、イチボとランプの間の筋膜を包丁の切っ先ではずす。

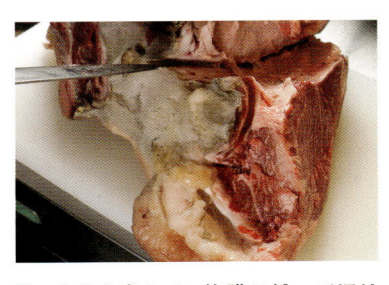

2 向きを変えて、筋膜に沿って切り進める。

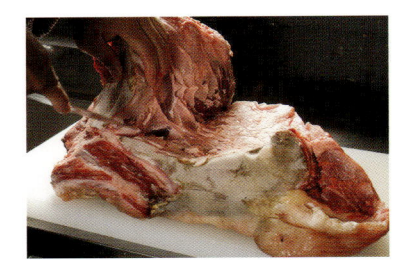

3 ランプを手で引っ張ってはがしながら、包丁の切っ先を軽く入れて筋膜をはいでいく。

4 ランプ（左）とイチボ（右）を切りはずす。

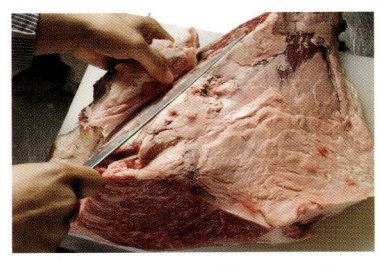

5 イチボをトリミングする。カビのついている不可食部を薄くそぎ取る。

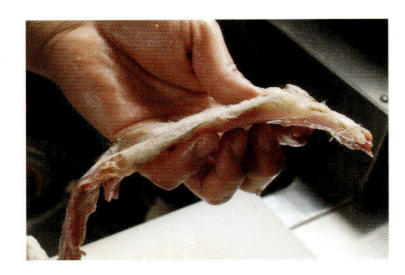

6 そぎ取った不可食部。

7 外側の脂を上に向け、包丁でそぎ落とす。

8 肉に沿って脂をそぎ落としていく。

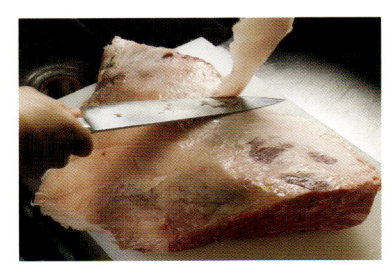

9 脂に肉をつけてそいでしまった場合は、脂を適度に切り落として、煮込みやミンチなどに使う。脂肪は利用するのでとっておく。

10 脂肪をきれいにトリミングした。

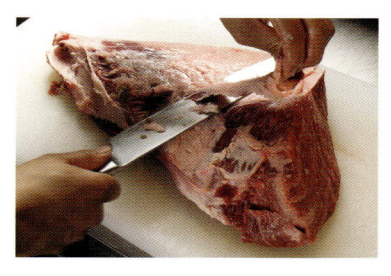

11 内側を上に向けて、筋や脂をそぎ取って掃除をする。

12 トリミングを終えた状態。

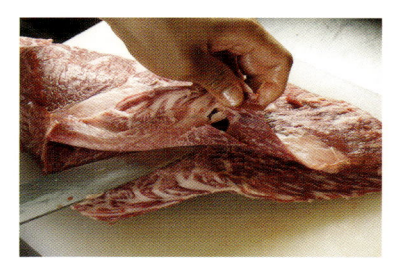

13 最後に残った筋膜をそぐ。なるべく肉をつけないように膜のみを取り除く。

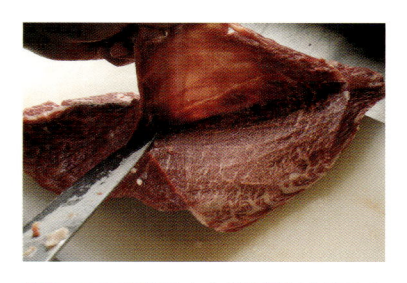

14 この筋膜はイチボの間に入り込んでいて、これでイチボを2つに分けることができる。

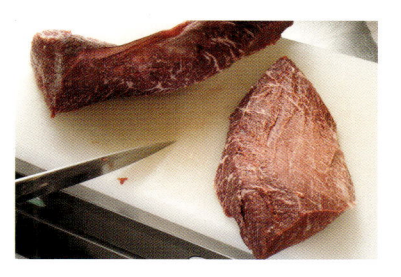

15 膜をはがしながら肉を分ける。

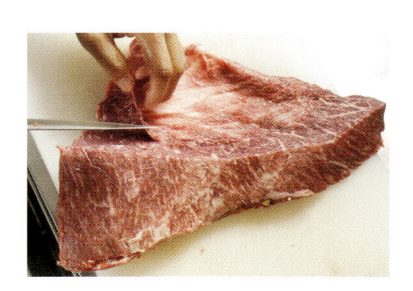

16 残った膜を切りはずす。通常は2つに分けないで使うことが多いようだが、この膜がおいしくないので、そぎ取っている。

17 左から取り除いた筋膜、2つに分けたイチボ。

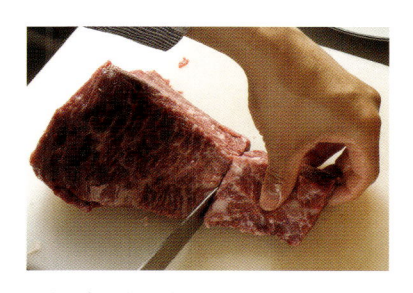

18 肉の細い部分は別の料理に使う。炭火焼きには厚みのある部分を必要量カットする。

149

焼く

グリラーと熱源
土佐備長炭を使用。グリラーの上に設置したウォーマー（70℃）を利用して、途中で低温加熱を入れる。

1 100gにカットしたイチボ。厚みがあるほうが焼きやすい。全体に塩をふる。

2 炭火で表面をあぶって燻香をつける。

3 この程度まで焼き色をつけて網バットにのせる。

4 70℃を保ったウォーマーに**3**を入れて10分間加熱する。

5 再び炭火で中まで熱くし、表面の水分や脂を落とす。

薬味

マルドンの塩
山葵
醤油（田中や）

赤城牛 イチボ

60日間熟成のモモから取り出したイチボ。塩と醤油と山葵ですすめる。

牛イチボ肉
塩、コショウ　各適量

1 イチボ肉を炭火で焼いて切り分ける（→150頁）。
2 肉を盛り、おろし山葵、マルドンの塩、醤油を添えて提供する。

パテドカンパーニュ

40日間熟成した豚肉と、新鮮な羊のレバーでつくったパテ。熟成肉ならではの濃厚な味わい。

 熟成豚（40日間熟成）　3.5kg
 羊レバー　500g
 炒めたニンニク（みじん切り）　50g
 炒めた玉ネギ（みじん切り）　600g
 卵　150g
 ピスタチオナッツ　100g
 塩　50g
 黒コショウ　5g
 ナツメグ　5g
 網脂　適量
 ローズマリー、ローリエ　各適量

1 熟成豚と羊のレバーを口径10mmのミートチョッパーにかける。
2 ここに炒めたニンニクと玉ネギ、卵、殻をむいたピスタチオナッツを入れる。
3 **2**に塩、黒コショウ、ナツメグを加えたら、手でよく練る。
4 テリーヌ型に大きめに切った網脂を敷いて、**3**を詰める。上から網脂をかぶせて包み、上にローズマリーとローリエを敷き詰める。
5 テリーヌ型に蓋をして水をはった天板にのせて湯煎状態にし、140℃のオーブンに入れて2時間加熱する。
6 取り出して冷ます。
7 提供時に切り出し、黒コショウをふる。粒マスタードとセルフィユ（すべて分量外）を添える。

ローストビーフ

60日間熟成した赤城牛のモモ肉から分けた外モモを低温加熱したローストビーフ。山葵醤油ですすめる。

　　牛外モモ肉（60日間熟成→147頁）　モモ1本分
　　塩　適量
　　山葵醤油　適量
　　黒コショウ　適量
　　つけ合せ
　　サニーレタス　適量
　　オリーブ油、酢、黒コショウ、塩　各適量

1　外モモは1本分を塊のまま使う。全体に塩を強めにふって、冷蔵庫で3時間ねかせる。
2　塩がなじんだら炭火で周りをあぶる。
3　全体をまんべんなくあぶったら、70℃のウォーマーで20分間低温加熱する。
4　取り出して冷蔵庫で冷やして締める。
5　3～4mmの厚さにカットする。
6　サニーレタスをオリーブ油、酢、黒コショウ、塩で和えて器に盛り、ローストビーフを8切れ盛る。上から山葵醤油をかけ、黒コショウをふる。

タルタル

60日間熟成した内モモ（ウチヒラ）をサッとあぶって刻んだタルタル。だし醤油が決め手。

    牛内モモ肉（60日間熟成→147頁）　100g
    だし醤油　適量
    オリーブ油　適量
    卵黄　1個
    玉ネギ（スライス）　適量
    黒コショウ　適量

1　内モモを薄くスライスして、熱した焼き網であぶる。
2　細く切り、だし醤油、オリーブ油を加えて混ぜる。
3　玉ネギを敷いて、その上に**2**をこんもりと盛る。上に卵黄を落とし、黒コショウをふる。

羊のホルモン3種

新鮮な羊の内臓に塩をふってサッとあぶるだけ。とろけるような甘みが生きる。ペーストにしたレバーを添えて。

羊レバー　80g
羊ハツ　80g
塩　適量
レバーペースト　40g
├ 羊レバー　400g
├ 玉ネギ（スライス）
│　　150g
├ サラダ油　適量
├ マデラ酒　80g
├ バター　80g
├ 生クリーム　50g
└ 塩、コショウ　各適量

モツのたれ＊　適量
クルトン　5〜6枚
セルフィユ　適量

＊醤油1に対して太白ゴマ油3の割で合わせて、一つまみの塩を加えて混ぜる。

1　レバーとハツは軽く塩をふって、炭火であぶる。
2　レバーペーストをつくる。レバーは水にさらして血抜きをする。
3　2のレバーを一口大に切って、玉ネギとともにサラダ油で炒める。玉ネギがしんなりしたら、マデラ酒を加えて汁気がなくなるまで煮詰める。
4　3を冷まして、バターとともにフードプロセッサーにかけて混ぜ合わせてペースト状にする。
5　生クリーム、塩、コショウを加えてさらに回して裏漉しする。密封容器に移して冷蔵保存する。
6　クルトン、モツのたれ、レバーペーストを小皿に入れて盛り、あぶったレバーとハツを切り分けて周りに盛りつける。セルフィユをあしらう。

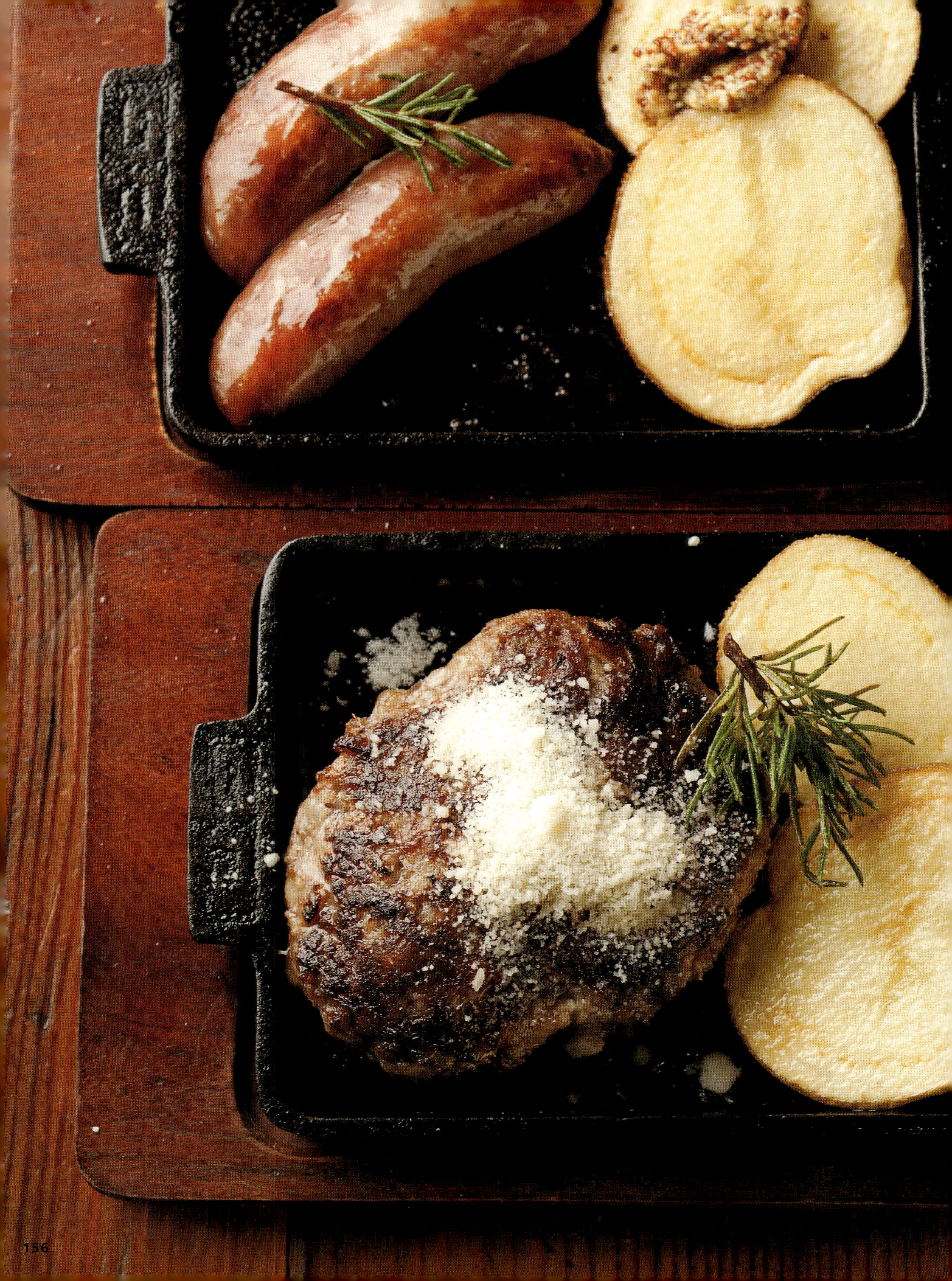

手作りソーセージ

熟成させた豚肉のモモとウデを粗挽きにして詰めたソーセージ。オーブンでかりっと焼いてすすめる。

ソーセージ　1皿2本
- 豚モモ、ウデ肉（40日間熟成）　1kg
- 塩　10g
- 黒コショウ　1g
- ヴェルモット（赤）　40g
- フェンネルシード　1g

つけ合せ
ジャガイモ　1個
サラダ油　適量
塩　適量
ローズマリー　1枝
粒マスタード　適量

1. ソーセージをつくる。豚肉を口径10mmのミートチョッパーにかけて挽き肉にする。ここに塩、黒コショウを加えて十分ねばりが出るまで練る。
2. ヴェルモットとフェンネルシードを加えて混ぜ、充填器で豚腸に詰める。10cm（60g）ごとにねじって、熟成庫に吊るし、2週間おいて使う。
3. ジャガイモは丸のままゆでて半分に切り、180℃のサラダ油で揚げて油をきって塩をふる。
4. 熱く焼いた鋳物のグラタン皿にソーセージとフライドポテトをのせ、ローズマリーを添える。180℃のオーブンに5分間入れて焼く。
5. 粒マスタードを添える。

熟成肉のハンバーグ

熟成させた牛モモ肉やサーロインの端肉を挽いて利用したハンバーグ。

ハンバーグ　1個180g
- 牛の端肉（熟成肉）　4kg
- 玉ネギ（みじん切り）　800g
- 生パン粉　300g
- 牛乳　200cc
- 塩　50g
- 黒コショウ　6g
- ナツメグ　7g
- 卵　4個

つけ合せ
ジャガイモ　1個
サラダ油　適量
塩　適量
ローズマリー　1枝
パルミジャーノチーズ　適量

1. ハンバーグをつくる。牛の端肉を口径10mmのミートチョッパーにかけて挽き肉にする。ここに塩、黒コショウ、ナツメグを加えて十分ねばりが出るまで練る。
2. 1に玉ネギ、生パン粉、牛乳、卵を入れてさらに混ぜる。
3. 2の種を1個180gに取り分け、空気を抜いて小判型にまとめて種をつくる。
4. ジャガイモは丸のままゆでて半分に切り、180℃のサラダ油で揚げて油をきって塩をふる。
5. 熱く焼いた鋳物のグラタン皿に種をのせ、両側をこんがり焼いたら、フライドポテトを盛り合わせる。ローズマリーを一枝のせて、180℃のオーブンで10分間焼く。
6. すりおろしたパルミジャーノチーズをふる。

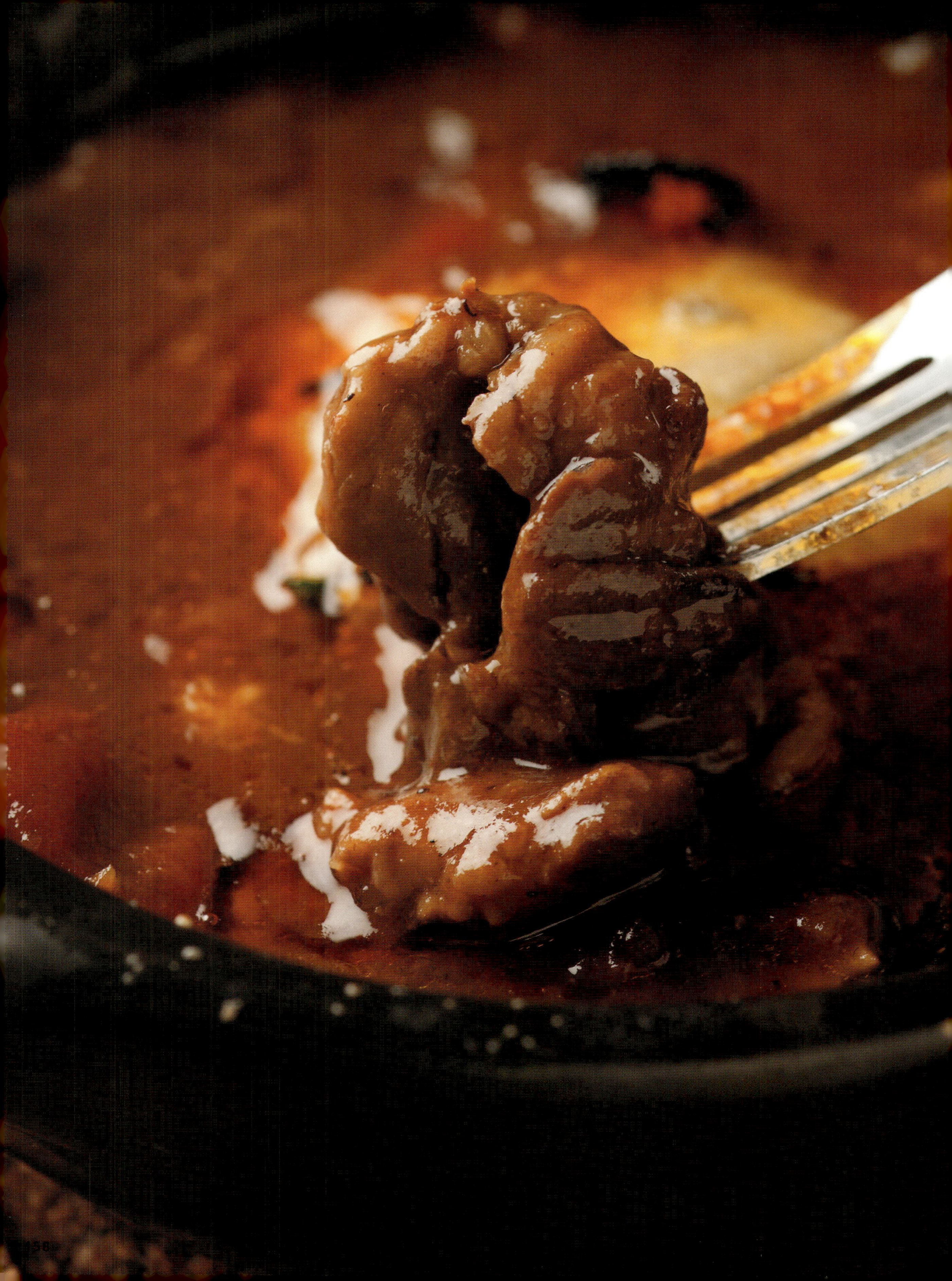

牛スネの赤ワイン煮

熟成した外モモから取り出したスネ肉。じっくり時間をかけて柔らかく煮込んだ肉にチーズを散らし、バーナーで焼いて仕上げる。

赤ワイン煮 1人前150g
- 牛スネ肉（60日間熟成→147頁） 4kg
- 塩、黒コショウ、サラダ油 各適量
- ホールトマト 2.5kg
- 玉ネギ（みじん切り） 1kg
- ニンニク（みじん切り） 1kg
- デミグラスソース 3（割合）
- 赤ワイン 1（割合）
- 水 10リットル

つけ合せ
ズッキーニ（素揚げ） 2切れ
赤パプリカ（素揚げ） 2切れ
ヤングコーン（素揚げ） 2本
パルミジャーノチーズ 20g

1 赤ワイン煮をつくる。牛スネ肉は一口大に切って、サラダ油で炒める。塩、黒コショウで下味をつける。
2 浸るくらいの赤ワインを注ぎ入れ、ホールトマト、玉ネギ、ニンニク、水、デミグラスソースを加えて、沸いたらアクをひき、水面が動くぐらいの火加減で2時間煮る。
3 **2**の赤ワイン煮を1人前150g取り分け、素揚げにしたズッキーニ、赤パプリカ、ヤングコーンを入れて温める。
4 上にパルミジャーノチーズをたっぷりふり、バーナーで表面を焼く。

熟成肉のラグーのフェトチーネ

まとめて仕込んだ牛赤ワイン煮でつくったパスタソース。ゆでたてのフェトチーネにからめて。

- フェトチーネ（乾麺） 1人前60g
- 赤ワイン煮（→左段） 1人前150g
- ニンニク（みじん切り） 1かけ
- タカノツメ 1本
- オリーブ油 適量
- 赤ワイン 50cc
- パルミジャーノチーズ 適量
- 塩、コショウ 各適量
- ミズナ 適量

1 オリーブ油でニンニク、タカノツメを炒める。
2 香りがたってきたら、赤ワインを入れてフランベしてアルコールを飛ばす。
3 赤ワイン煮を加え、最後にパルミジャーノチーズを溶かし込む。
4 フェトチーネをかためにゆでて**3**の中に入れてなじませる。塩、コショウで味を調える。
5 器に盛り、ミズナを添えて、上からパルミジャーノチーズをふる。

ポルチーニの炊き込みご飯 アンチョビオイル掛け

濃厚なだしとアンチョビオイルの味がきいた炊き込みご飯。琺瑯引きの鍋で炊いてそのままテーブルに。

牛外モモ肉（60日間熟成→147頁） 50g
米　170g

ポルチーニだし　200g
├ ポルチーニ　400g
├ 水　2.4リットル
└ 塩　23g

アンチョビオイル
├ アンチョビ　400g
├ オリーブ油　700g
└ ニンニク（みじん切り）　200g

パルミジャーノチーズ　40g

1 ポルチーニだしをとる。材料をすべて合わせて火にかける。沸騰したら火からおろして冷まし、冷蔵庫で保管する。
2 アンチョビオイルを準備する。鍋にオリーブ油を入れて火にかけ、アンチョビとニンニクを入れて炒め煮にする。ニンニクがキツネ色に色づいたら完成。
3 外モモは細切りにする。
4 米をといで琺瑯引きの鍋に入れ、ポルチーニだしを加えて蓋をする。強火で加熱し、沸いたら弱火にして水分がなくなるまで炊く（弱火で10分間が目安）。
5 火を止めて、細切りにした外モモ、温めたアンチョビオイル、パルミジャーノチーズを入れて混ぜ、10分間蒸らす。

2度おいしいバーニャカウダ

まず生の野菜をソースですすめ、途中で厨房に下げて、ソースとバターを加えて鍋ごとオーブンで焼いた焼き野菜として楽しんでいただく。

ロメインレタス、トレヴィス
紅芯ダイコン、ジャガイモ（レッドムーン）、ニンジン
モロッコインゲン、サヤインゲン
オクラ、ヤングコーン、赤パプリカ、ズッキーニ　各適量

バーニャカウダソース　150cc
├ アンチョビ　240g
├ ニンニク（みじん切り）　60g
├ パルミジャーノチーズ　600g
├ 白ワイン　300g
├ 生クリーム　2760g
└ 塩、黒コショウ　各適量
無塩バター　適量

1 バーニャカウダソースをつくる。アンチョビとニンニクを炒める。ここに生クリームを半量加えて分離しないよう加熱する。
2 パルミジャーノチーズをすりおろし、白ワインを加えて火にかけて煮溶かす。残りの生クリームを加える。
3 1と2を合わせて加熱し、塩、黒コショウを加えて味を調える。
4 琺瑯引きの鍋にロメインレタスを敷き、ポットに注いだバーニャカウダソースをおき、食べやすく切り分けた野菜を盛る。
5 途中で厨房に下げて鍋の中にソースとバターを加え、鍋ごと180℃のオーブンに入れて10分間加熱する。ソースとバターは残った野菜の分量に合わせて調整する。

シェフおすすめのサラダ

多種類の野菜を用意し、それぞれの野菜を生かす調理をほどこして盛り合わせたサラダ。

　　トマト（くし形切り）　1個
　　揚げナス（くし形切り）＊　1/2本
　　ロメインレタス、トレヴィス、ミズナ（ざく切り）
　　　各適量
　　ベビーリーフ　適量
　　ヤングコーン（素揚げ）　4〜5本
　　オクラ（ゆでて縦半分）　2本
　　玉ネギ（スライス）　適量
　　揚げトウモロコシ＊　2切れ
　　紅芯ダイコン　2切れ
　　ズッキーニ（素揚げ）　2〜3切れ

　ドレッシング＊＊　適量
　├ オリーブ油　400g
　├ 酢　50g
　├ 塩　25g
　├ コショウ　1g
　└ 砂糖　30g

　バルサミココンサントレ　適量

＊ナスを縦に4等分に切る。トウモロコシは粒がばらけないように少し芯をつけてカットする。ともに160℃に熱したサラダ油で揚げて油をきる。
＊＊すべてよく混ぜ合わせる。

1　葉野菜をドレッシングで和えて器に盛り、その上に他の野菜をいろどりよく盛りつける。
2　上からバルサミコヴィネガーを煮詰めたバルサミココンサントレをたらす。

KITCHEN TACHIKICHI
旬熟成

〒106-0032
東京都港区六本木 5-11-31
Tel. 03-3497-8875
定休日　日曜日
営業時間　17:00～翌1:00

　店で使っている食材、調味料はすべて国産。コンセプトとして「ジャパンクオリティー」を謳っている。「旬熟成」と店名にもあるとおり、ドライエイジングによって旬（食べ頃）を迎えたA3ランクの牛肉を、リーズナブルな価格で提供している。

　野菜は埼玉と山梨の契約農家から直接仕入れる。国産の食材を使うので、調味料も国産の塩や醤油や味噌を使用する。もちろんワインも国産をそろえている。

　炭火焼きのメインは赤城牛と米沢豚。赤城牛は群馬県赤城山麓の牧場からモモ1本と骨付きサーロインを仕入れ、現地に設置したコンテナ熟成庫と東京・麻布十番の店内の熟成庫で130～140日間熟成させている。

　東京の店に設置した熟成庫は直接日差しが入らない設計になっているが、歩道に面しているので温度管理には気をつかう。庫内は温度1～2℃、湿度は70～80％を保ち、最高でも90％までとする。この温度湿度帯をキープすれば、腐敗する可能性は極めて少ないと店主の跡部美樹雄氏。熟成が進むにつれて、牛肉の表面にはうっすらと白いカビが生えてくる。吊り下げられた肉が歩道から見えるので販促効果も期待できるという。

　熟成後に部位ごとに分けて極力ロスを減らし、各種料理に使い分けてメニューの差別化を図っている。

　1階のカウンター席、2階のテーブル席とも連日予約でいっぱいになる繁盛店で、若年客が多いのも特徴。2013年11月、西麻布にデリカテッセンを開店し、加工肉や熟成肉（業務用にも対応）の販売を始めた。

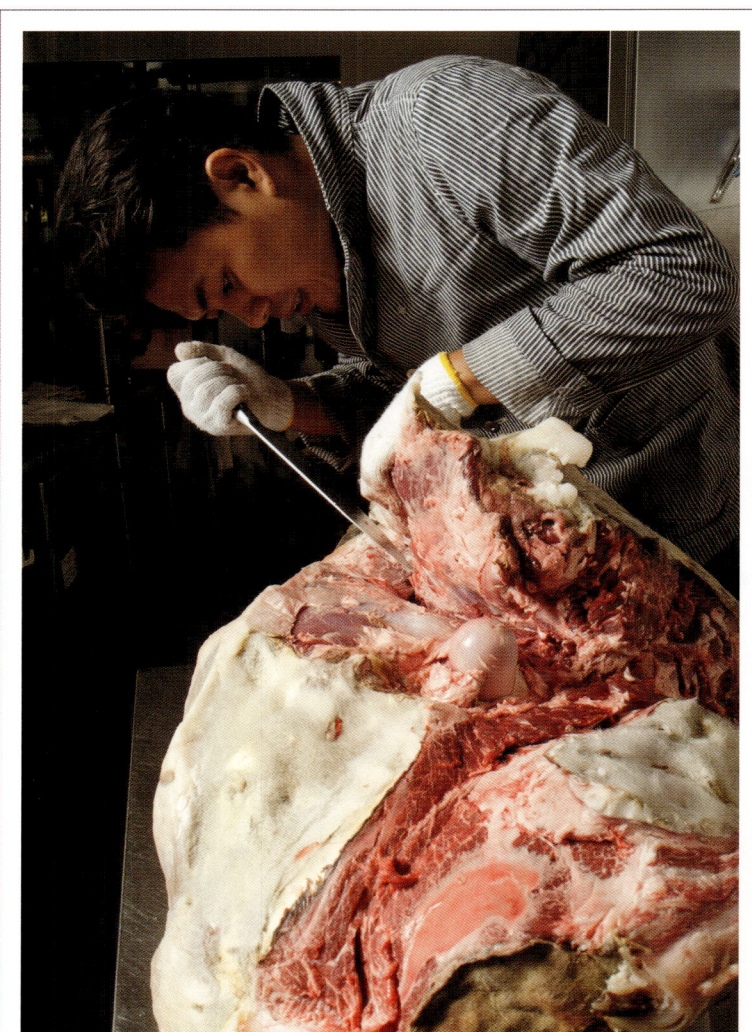

熟成肉		
牛 80日熟成	豚 40日熟成	羊 60日熟成
ランプ 1,900円	上ロース 1,200円	ラムチョップ 3,000円
シンタマ 1,600円	上バラ 1,200円	モモ 2,0??
ウチモモ 1,400円		スペアリブ 1,500円
ソトビラ 900円		

moo&c

じゅく-せい【熟成】 獣肉などが酵素の作用により分解され、特 我が輩は豚である。名前はまだ無い 出ること。適当な温度などの条件のもとに長 と化学変化を起こさせること。例）熟成肉。

メニュー

[炭火焼き]
赤城牛
　ランプ　1900円
　シンタマ　1600円
　ウチヒラ　1400円
　ソトヒラ　900円

米沢豚一番育ち
　上ロース　1200円
　上バラ　1200円
　自家製ベーコン　1500円

[野菜料理]
契約農家の野菜たち　2度おいしいバーニャカウダ
　1500円
根菜のバターオーブン焼き　850円
本日の炭火野菜　300円
本日のフレッシュ野菜　300円

[熟成肉料理]
手作りソーセージ　600円
パテドカンパーニュ　600円
熟成肉じゃが　850円
ゴロゴロ野菜と米沢牛のポトフ　1000円
アッシェパルマンティ　600円

[アミューズ]
アンチョビクランチポテト　700円
ブルスケッタ（1ヶ）　300円
砂肝のコンフィ〜たっぷり野菜〜　500円
レバーペースト　500円
チーズ盛り合わせ　1200円

[旬鮮菜魚]
海
　小鰯の鉄板焼き　750円
　季節の貝の鉄板焼　950円
　サンマのオイルサーディン風　1000円
　〆サバのカルパッチョ　700円

山
　カプレーゼ　700円
　ロメインレタスのサラダ　800円
　芽キャベツのフリット　1000円
　ハーブたっぷりエビかき揚げ
　　〜天つゆジュレと青トマト〜　900円

店舗平面図

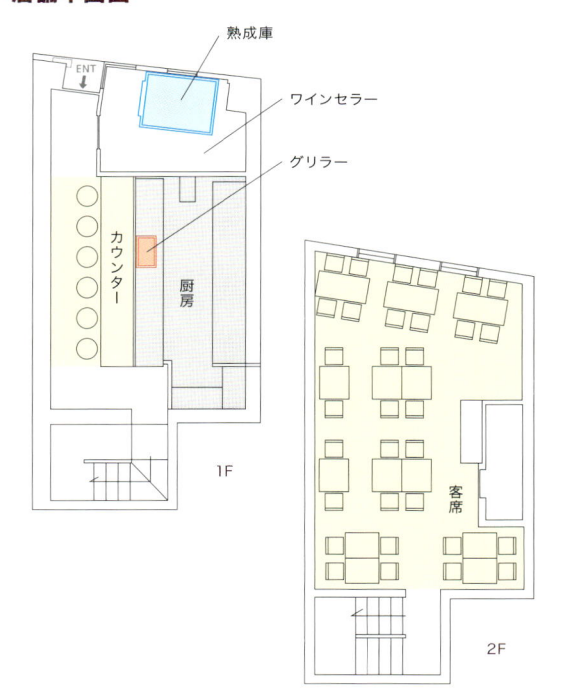

p.163：熟成庫の一部がガラス越しに見える。道行く人たちが注目するファサード。
左頁上左：ロスを抑えるために牛肉はモモ1本で仕入れ、熟成後に店主、跡部美樹雄氏自らが解体する。
左頁上右・上：ウチヒラ（内モモ）のたたきは、だし醤油とオリーブ油を加えてよく混ぜる。
左頁上右・中：その日に食べ頃の熟成肉の情報は黒板に。
左頁上右・下：肉は塊で焼く。炭火と70℃のウォーマーを使った低温加熱で焼き上げる。
左頁下：カウンター後ろの壁は文字を使ったデザインが施されている。
下：2階はコンクリートの打ちっぱなしの壁。歴史上の人物名のパロディがかかっている。

料理別索引

[肉料理]

土佐あかうし リブロース（又三郎）：30
ミートパイ（又三郎）：31
パテ（又三郎）：32

鹿の背ロース 澱上ワインのソース
　（ラ・ブーシェリー・デュ・ブッパ）：48
ビュルゴー家 クロワゼ鴨胸肉の炭火焼き モモ肉のクロメスキ
　添え サルミペーストとグリオットのピュレ
　（ラ・ブーシェリー・デュ・ブッパ）：50
熟成40日 伊豆天城産黒豚ロースの岩塩包み焼き
　（ラ・ブーシェリー・デュ・ブッパ）：52
熟成50日 北海道産黒毛和牛モモ肉の低温ロースト
　（ラ・ブーシェリー・デュ・ブッパ）：53
千葉県産夏鹿のタルタルアボカドバーガー レモンタイム風味の
　ポムフリット（ラ・ブーシェリー・デュ・ブッパ）：54
愛媛産熟成雉のロースト 北京ダック風
　（ラ・ブーシェリー・デュ・ブッパ）：56
アッシュ・パルマンティエ（ラ・ブーシェリー・デュ・ブッパ）：58

35日間熟成ブラックアンガスビーフ リブステーキ骨付き
　（37 Steakhouse & Bar）：73
21日間熟成オーストラリア和牛 ポーターハウスステーキ
　（37 Steakhouse & Bar）：74
37クラシックバーガー 180g（37 Steakhouse & Bar）：75
岩手県産もち豚のグリル アップルミントとスパイシーマスタード
　のマーマレード（37 Steakhouse & Bar）：76
オーストラリア産ラムチョップのグリル エストラゴンソースで
　（37 Steakhouse & Bar）：78

アメリカ産ブラックアンガス牛Tボーンの炭火焼き
　（キッチャーノ）：100
岩手県産黒毛和牛骨付きサーロインの炭火焼き
　（キッチャーノ）：101
黒毛和牛の低温調理 エシャロットとホースラディッシュのソース
　（キッチャーノ）：102
生ハム2種（キッチャーノ）：103
生ハムとイチジク（キッチャーノ）：103
仔牛のツナソース（キッチャーノ）：104
松阪牛テールのラグーのペンネ（キッチャーノ）：105
大分県産黒毛和牛ラグーのタリアテッレ（キッチャーノ）：106

オーシャンビーフ骨付きリブアイ 1000g（ワカヌイ）：122
WAKANUI ラムチョップ（ワカヌイ）：124
カンタベリー仔羊骨付きロース ハーフカット（ワカヌイ）：125

ラム・ショートロインのたたき（ワカヌイ）：126
牧草牛フィレ 250g（ワカヌイ）：127
ワカヌイ・プレミアム・バーガー（ワカヌイ）：128

赤城牛 イチボ（旬熟成）：151
パテドカンパーニュ（旬熟成）：152
ローストビーフ（旬熟成）：153
タルタル（旬熟成）：154
羊のホルモン3種（旬熟成）：155
手作りソーセージ（旬熟成）：156
熟成肉のハンバーグ（旬熟成）：156
牛スネの赤ワイン煮（旬熟成）：158
熟成肉のラグーのフェトチーネ（旬熟成）：159

[野菜料理]

旬野菜のゴロゴロサラダ（又三郎）：34
冷やしトマトのコリアンスタイル（又三郎）：34
大根サラダ ゴルゴンゾーラチーズ添え（又三郎）：35

スイスチャードのソテー にんにく風味
　（ラ・ブーシェリー・デュ・ブッパ）：60
ラタトウイユ（ラ・ブーシェリー・デュ・ブッパ）　60
鎌倉野菜の炭火焼き ロメスコソース
　（ラ・ブーシェリー・デュ・ブッパ）：60
生ハムとパプリカの軽い煮込み
　（ラ・ブーシェリー・デュ・ブッパ）：60
千葉県産ムチュリを使った"アリゴ"
　（ラ・ブーシェリー・デュ・ブッパ）：60
自家製ベーコンと新牛蒡のブレゼ
　（ラ・ブーシェリー・デュ・ブッパ）：60

B.L.T.A.サラダ（37 Steakhouse & Bar）：80
ほうれん草と温かいキノコのサラダ 赤ワインヴィネガー
　ドレッシング（37 Steakhouse & Bar）：80
アスパラガスのグリル（37 Steakhouse & Bar）：82
ベイクドポテト サワークリームとベーコントッピング
　（37 Steakhouse & Bar）：82
クリームスピナッチ（37 Steakhouse & Bar）：83
マッシュルームソテー（37 Steakhouse & Bar）：83

ロメインレタスとアンディーブ、ブルーチーズのサラダ
　（ワカヌイ）：130
バーニャカウダ（ワカヌイ）：131
トマトとボッコンチーニのカプレーゼ（ワカヌイ）：132
ほうれん草のソテー（ワカヌイ）：134
きのこのソテー（ワカヌイ）：134
自家製フレンチフライ（ワカヌイ）：134
ジャスミンライスのハーブピラフ（ワカヌイ）：134

２度おいしいバーニャカウダ（旬熟成）：161
シェフおすすめのサラダ（旬熟成）：162

[そのほか]
オーシャンプラッター メルトバター・レモン
　（37 Steakhouse & Bar）：79
キッズプレート（37 Steakhouse & Bar）：84
ニュージーランド産キングサーモンの温燻製（ワカヌイ）：132
ポルチーニの炊き込みご飯 アンチョビオイル掛け
　（旬熟成）：160

肉種別料理索引

[牛肉]
土佐あかうし リブロース（又三郎）：30
ミートパイ（又三郎）：31
パテ（又三郎）：32
熟成50日 北海道産黒毛和牛モモ肉の低温ロースト
　（ラ・ブーシェリー・デュ・ブッパ）：53
アッシュ・パルマンティエ（ラ・ブーシェリー・デュ・ブッパ）：58
35日間熟成ブラックアンガスビーフ リブステーキ骨付き
　（37 Steakhouse & Bar）：73
21日間熟成オーストラリア和牛 ポーターハウスステーキ
　（37 Steakhouse & Bar）：74
37クラシックバーガー 180g（37 Steakhouse & Bar）：75
アメリカ産ブラックアンガス牛Tボーンの炭火焼き
　（キッチャーノ）：100
岩手県産黒毛和牛骨付きサーロインの炭火焼き
　（キッチャーノ）：101
黒毛和牛の低温調理 エシャロットとホースラディッシュのソース
　（キッチャーノ）：102
仔牛のツナソース（キッチャーノ）：104
松阪牛テールのラグーのペンネ（キッチャーノ）：105
大分県産黒毛和牛ラグーのタリアテッレ（キッチャーノ）：106
オーシャンビーフ骨付きリブアイ 1000g（ワカヌイ）：122
牧草牛フィレ 250g（ワカヌイ）：127
ワカヌイ・プレミアム・バーガー（ワカヌイ）：128
赤城牛 イチボ（旬熟成）：151
ローストビーフ（旬熟成）：153
タルタル（旬熟成）：154
熟成肉のハンバーグ（旬熟成）：156
牛スネの赤ワイン煮（旬熟成）：158
熟成肉のラグーのフェトチーネ（旬熟成）：159

[豚肉・豚肉加工品]
パテ（又三郎）：32
熟成40日 伊豆天城産黒豚ロースの岩塩包み焼き
　（ラ・ブーシェリー・デュ・ブッパ）：52
アッシュ・パルマンティエ（ラ・ブーシェリー・デュ・ブッパ）：58
岩手県産もち豚のグリル アップルミントとスパイシーマスタード
　のマーマレード（37 Steakhouse & Bar）：76
生ハム2種（キッチャーノ）：103
生ハムとイチジク（キッチャーノ）：103
パテドカンパーニュ（旬熟成）：152
手作りソーセージ（旬熟成）：156

[羊肉]
オーストラリア産ラムチョップのグリル エストラゴンソースで
　（37 Steakhouse & Bar）：78
WAKANUIラムチョップ（ワカヌイ）：124
カンタベリー仔羊骨付きロース ハーフカット（ワカヌイ）：125
ラム・ショートロインのたたき（ワカヌイ）：126
パテドカンパーニュ（旬熟成）：152
羊のホルモン3種（旬熟成）：155

[鴨・雉]
ビュルゴー家 クロワゼ鴨胸肉の炭火焼き
　モモ肉のクロメスキ添え サルミペーストとグリオットのピュレ
　（ラ・ブーシェリー・デュ・ブッパ）：50
愛媛産熟成雉のロースト 北京ダック風
　（ラ・ブーシェリー・デュ・ブッパ）：56

[鹿肉]
鹿の背ロース 澱上ワインのソース
　（ラ・ブーシェリー・デュ・ブッパ）：48
千葉県産夏鹿のタルタルアボカドバーガー レモンタイム風味の
　ポムフリット（ラ・ブーシェリー・デュ・ブッパ）：54

熟成肉
人気レストランのドライエイジングと料理

初版印刷　2014年2月1日
初版発行　2014年2月15日

編者ⓒ　　柴田書店
発行者　　土肥大介
発行所　　株式会社柴田書店
　　　　　〒113-8477
　　　　　東京都文京区湯島 3-26-9 イヤサカビル
　　　　　電話 / 営業部 03-5816-8282（注文・問合せ）
　　　　　　　　書籍編集部 03-5816-8260
　　　　　http://www.shibatashoten.co.jp

印刷・製本　凸版印刷株式会社

本書収録内容の無断掲載・複写（コピー）・データ配信等の行為は固く禁じます。
乱丁・落丁本はお取替えいたします。

ISBN978-4-388-06182-2
Printed in Japan

dry aging m